KB054791

취재남 감성녀

동상이몽 부부 한 달 전국여행

취재남 감성녀

동상이몽 부부 한 달 전국여행

초판 1쇄 발행 2021년 12월 13일

지은이 정학구 · 이수경
펴낸이 권경옥
펴낸곳 해피북미디어
등록 2009년 9월 25일 제2017-000001호
주소 부산광역시 동래구 우장춘로68번길 22 2층
전화 051-555-9684 | 팩스 051-507-7543
전자우편 bookskko@gmail.com

ISBN 978-89-98079-45-1 03910

취재남
감성녀

동상이몽 부부 한 달 전국여행

정학구 · 이수경 지음

해피북
미디어

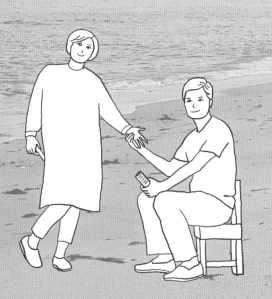

여행을 시작하며

'현장'을 좋아하는 남자와 '역마살'이 있는 여자가 신문사에서 만나 결혼한 지 30년이 다 됐다. 신혼 땐 중고 승용차를 끌고 무조건 북상, 경북 불영사 계곡을 거쳐 동해안을 돌고 내려오곤 했다. 토요일 오후 출발해 밤새 달리기도 했다. 수해 복구가 제대로 되지 않은 낭떠러지를 밤에 통과해놓곤 날이 샌 뒤 아찔해 하기도 했다.

아이가 둘 생기고 네 살이 넘어서자 세상 구경 시켜준다며 전국 곳곳을 데리고 다녔다. 맞벌이 부부 애들 돌봐주시는 어르신들 바람 쐐 드리느라 한 바퀴 더 돌기도 했다.

애들 나이가 들면서 다시 둘이 다니게 됐고 해외여행 바람에 행여 뒤질세라 물 건너로도 뛰었다. 시베리아 횡단철도를 따라 러시아 바이칼 호수를 다녀온 것이 가장 기억에 남는다.

국내 한 달 여행 기회는 다니기 좋아하는 부부에게 꿈처럼 찾아왔다. 직장생활을 마무리하며 안식년을 보내고 있던 난 혼자 전국 여행이라도 갈까 생각 중이었다. 그런데 마침 아내가 코로나 순환 휴가 한 달을 받게 된 것이다. 직장을 다니며 뒤늦게 다녔던 대학원 4년 코스를 끝내고 학위 논문까지 마무리, 홀가분하던 차에 아내가 합류하게 된 셈이었다.

여행을 출발한 2020년 6월 1일부터 한 달간 코로나 신규 확진자는 전국적으로 하루 평균 30~40명 선이었다. 거리 두기 지침도 '두 팔 간격 건강 거리 두기, 마스크 착용, 생활 소독' 정도였다.

한 달이면 긴 시간이다. 어떤 식으로든 우리나라를 한 바퀴 돌아보자고 둘이서 합의를 하고 코스를 짰다. 아내는 특별히 꼭 가야 하는 곳이 있다기보다 집을 떠나는 것 자체가 좋았고, 어디서든 힐링하고 즐길 준비가 돼 있는 것 같았다.

난 기왕 한 바퀴 도는 김에 평소 못 간 유적지를 비롯해 전국에 흩어져 사는 친구도 이번 기회에 찾아보자며 일정을 짰다. 제주도로 먼저 가 1주일여 보내고 나머지 기간 육지에서 남해안-서해안-휴전선-동해안으로 도는 ㅁ자 형태 코스였다. 내륙은 다음 기회로 미뤘다.

주요 코스와 일정을 내가 짜고 방문 지역 내 구체적인 장소도 내가 정하다 보니 '다크 투어' 위주로 가버린 듯했다. 아내도 따로 보고 싶고 가고 싶은 곳도 있었는데 양보한 곳이 제법 있었으리라. 내 욕심만 너무 부렸나 싶고 미안해 '담에 내륙 여행을 갈 땐 당신 위주로 코스를 짜면 내가 따라갈게'라고 제안을 해뒀다.

시간 여유를 갖고 천천히 돌아본 제주, 여수·순천, 평택은 물론 다시 돌아본 광주, 서울을 비롯해 동해안 철책과 경북 구룡포, 부산 등 어느 곳 할 것 없이 근·현대사의 아픔과 깊은 상처를 안고 있었다. 물론 우리나라 산과 바다, 계곡과 들판 곳곳이 너무 황홀할 정도로 아름다웠고 인공적으로 가꿔놓은 수목원, 미술관 등도 여행의 격을 높여주었다.

대학시절 세계사는 제대로 공부도 않고 한국사마저 고대사와

중세사는 역사 축에도 끼워주지 않고 오로지 근·현대사, 그것도 특정 몇 사건에만 매달렸던 기억이 난다. 지금 생각하면 편식도 그런 편식이 없었고 정말 웃기는 발상이었다. 직장을 다니면서는 기자로서 '현장'을 생중계하는 데도 벅찼고, 매일매일 하루살이에 급급했다. 폭 넓은 공부는 물론 한국 근·현대사 공부도 제대로 하질 않았구나 하는 자탄을 뒤늦게, 깊이 했다.

이번 여행에서 아내의 눈치를 무릅쓰고 역사 기행, 다크 투어에 치우친 코스를 가고 마친 후에도 제주 4·3이나 여순사건 등에 대해 새삼스럽게 자료를 뒤적거리게 된 것도 이와 무관하지 않다. 두 사건은 지금까지도 실체나 성격을 두고 논란이 끊이지 않는다. 개인적으로도 궁금해 자료를 찾아 팩트 위주로 정리를 해봤다.

집을 나서면 대한민국 어디나 반 걸음만 더 다가가 마을 보호수 밑동에 가만히 손을 대고, 오래 된 돌담을 돌아 한 걸음만 더 들어가 귀를 열면 수십 년, 수백 년 묵혀 있던 이야기들이 쏟아진다. 제주에서 휴전선까지, 통일전망대에서 부산까지 이 땅 산하엔 아직 아물지 않은 상처와 아픔이 곳곳에 스며 있다. 또 그것을 숙명처럼 안고 내색 한 번 못 하고, 표정 없이 한 많은 생을 살아온 민초들이 너무 많다. 시간 여유만 되면 반쯤은 풍광에 취하면서도 반쯤은 이들의 사연에 귀 기울이고 싶었는데 이번 여행도 겉핥기에 그친 것 같다.

일 중독에다 속도전으로 살아온 사람들, 그렇게 일궈놓은 나라. 나 역시 그 속에서 30여 년간 쉼없이 앞만 보고 달려왔다. 그러다 급히 마침표 하나 찍고 뒤돌아보니 부족함 투성이다.

이 책은 우리 부부가 여행길에 나선 후 처음 시도한 공동 작업의 결과물이다. 서로 다름을 새삼 확인하면서 곡절도 있었다. 여생을 살아가면서 곁에 두고 보고 싶어 부끄럽지만 엮어봤다. 내 욕심이 많이 담겼지만, 일에 빠져 살던 남편 곁을 지켜주고 항상 힘이 돼준 아내에게도 작은 선물이 됐으면 한다. 작은아들 부부를 항상 격려해주시고 한 달 긴 여행을 다녀오게 허락해주신 어머니께도 감사드린다. 건강하게 잘 자라준 딸과 아들도 고맙다.

아내의 낙남정맥 종주기와 나의 고교 졸업30주년 기념 문집을 인연으로 다시 출판을 맡아 수고해주신 산지니 출판사 사장님과 편집장님, 애써주신 모든 분께 깊은 감사를 드린다.

2021년 11월
정학구

차례

1부 제주에서 여드레,
   '섬의 눈'으로 다시 보기

2부 여순·광주 아픔과
평택기지 지나 서울 입성

3부　휴전선아 잘 있느냐, 동해안 바라보며 부산까지

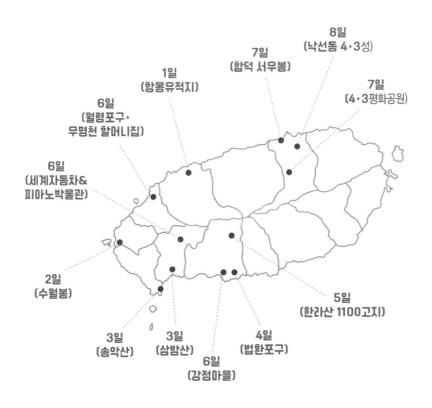

8일
(낙선동 4·3성)

7일
(함덕 서우봉)

7일
(4·3평화공원)

1일
(항몽유적지)

6일
(월령포구·
무명천 할머니집)

6일
(세계자동차&
피아노박물관)

2일
(수월봉)

5일
(한라산 1100고지)

3일
(송악산)

3일
(삼방산)

6일
(강정마을)

4일
(법환포구)

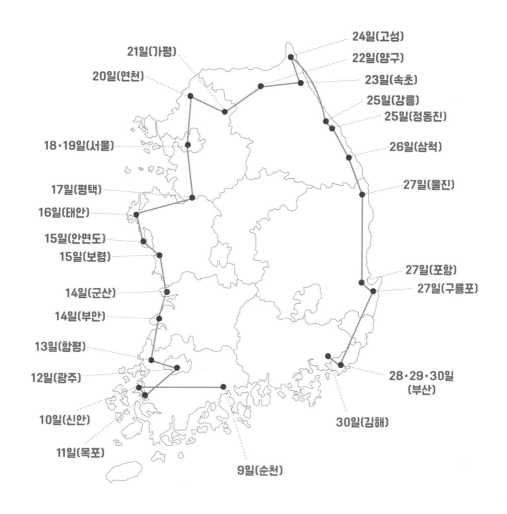

24일(고성)
22일(양구)
23일(속초)
25일(강릉)
25일(정동진)
26일(삼척)
27일(울진)
27일(포항)
27일(구룡포)
28·29·30일
(부산)
30일(김해)
9일(순천)
11일(목포)
10일(신안)
12일(광주)
13일(함평)
14일(부안)
14일(군산)
15일(보령)
15일(안면도)
16일(태안)
17일(평택)
18·19일(서울)
20일(연천)
21일(가평)

1부

제주에서 여드레,
'섬의 눈'으로 다시 보기

삼별초는 해방군이었나
점령군이었나

1일차

아침을 먹고 서둘러 집에서 나왔다. 집을 나가야 여행이다. 혼자 계시게 된 어머니께 '우리 집 잘 봐주이소, 식사 잘 챙겨 드시고 잘 지내이소' 인사를 수차례 하고 김해 집을 나섰다. 자주 가는 율하천 카페에 아내와 앉아 커피를 한잔하며 약식 '출정식'을 했다. 한 달 국내 여행 지금 출발이다. 아직 기분이 잘 안 난다.

점심 무렵 도착한 제주 날씨는 잔뜩 흐렸다. 렌트카를 몰고 여정을 시작했다. 제주 첫 식사는 갈치조림이었다. 시장이 반찬이다.

코스는 제주공항에서 오른쪽으로 훑어 가는 걸로 잡았다. 역사 유적지, 스토리가 있는 곳이면 가능하면 찾아서 자료 보고 사진 찍으며 눈에 담아 오는 것이 목표다.

첫 도착지는 공항에서 가까운 애월 항몽유적지 항파두리성이었다. 역사 기행에 관심이 많은 듯해 보이는 남편을 위해 밤새 제주 관광지를 훑어보고 아내가 추천한 곳이다.

이곳은 고려 무신정권 시절 무신들의 사병이었던 삼별초 소속 군인들이 몽골에 항복해 강화를 하려는 조정의 방침을 거부하고, 진도로 가 농성을 하다 1차 진압 당한 후 물러설 수 없는 최후 혈

항파두리성 내성 터

전을 벌인 현장이다. 고려 조정 입장에서 보면 왕명을 거스른 반란
군이었고, 고려 항복을 받아낸 뒤 일본 정벌에 나서려던 몽골 입장
에선 최대 걸림돌이었다.

　유월 첫날, 코로나19 영향에다 월요일이라 그런지 유적지엔 사
람이 많지 않았다.

　삼별초군은 이곳 외곽엔 토성을 치고 안에는 다시 돌로 성곽을
쌓았다. 현장에는 내성(內城) 터를 중심으로 유적 발굴이 진행되고
있다는 안내판이 있었다. 내부엔 접근하지 못하게 줄을 쳐 놓았다.

　외세인 몽골과 자신들이 섬기던 고려 정부 연합군에 맞서 항복
을 거부하고 장렬하게 최후를 맞았던 고려 군인과 그 가족들. 진
도에서 1차 패전하고 제주도로 쫓겨온 삼별초 군인들 숫자는 얼
마나 됐을까? 항파두리성에 살았던 삼별초 군인 가족들은 몇 명이

나 되고 그들은 어떤 경위로 강화도-진도-제주도 항로를 택했을까?

그들은 무엇을 위해 누구를 위해 목숨을 바쳤던가? 무신정권인가, 조국 고려인가, 고려 민초들인가, 자신들의 명예와 자존심인가?

내성 터를 둘러보다 외성 터를 볼 수 있을까 하고 뒤쪽으로 갔다가 성곽 같아 보이는 둑 위로 잠시 올라갔지만 더 이상 제대로 된 안내문도 팻말도 없이 정확한 규모나 당시 정황을 판단하긴 힘들었다. 해설사가 없으면 역사 기행을 하는 방문객을 위한 상세한 안내문이나 자료라도 비치해놓는 게 좋지 않을까 싶었다.

어쨌든 교과서들은 몽골에 항복한 무책임하고 반민중적인 무신정권에 비해 최후까지 전쟁을 택해 고려인의 기개를 내보인 삼별초라고 치켜세운 바 있다. 제주시 홈페이지에서도 '삼별초의 독자적인 무력 항몽은 외세의 침략으로부터 조국을 수호하려는 호국충정의 발로로서 오늘날의 우리들에게 많은 교훈을 일깨워주고 있다'고 평가하고 있다. 그리고 '삼별초는 고려군의 정예 별동부대로서 고려 원종 11년(1270) 2월 고려 조정이 몽골군과 강화를 맺자 이에 반대하여 끝까지 반몽항쟁을 계속하였는데, 전라도 진도로 근거지를 옮겼다가 그곳에서 크게 패하자 이곳 제주도로 건너와 항파두성을 쌓고 몽골군과 대결하기 2년여에 마침내 원종 14년(1273) 4월 몽골 세력에 의해 전원이 순의했다'고 적고 있다. 순의(殉義)는 말 그대로 옳은 일을 위해 죽음을 뜻한다.

코로나 영향으로 항몽유적지 자료관은 아쉽게도 휴관 중이었다. (우리 부부는 이곳을 비롯해 4·3기념관 내부 등을 보고 자료도 더 구하기 위해 몇 달 후 제주를 다시 방문했다.) 유적지 주변에 해바라기와 코스모스도 너무 아름답다고 했는데 시기적으로 맞지 않아 아쉬움이 남았다.

항몽유적지 휴게소에 잠시 들렀더니 벽엔 누가 썼는지 모를 '항몽' 관련 애잔한 글이 적힌 걸개그림이 있었다.

> 더는 물러설 곳 없는 섬 제주,
> 두려움과 희망은
> 늘 바다 넘어서 밀려왔다.
> 1271년
>
> 그날 하늘은 파랗고 땅은 붉었다.
> 그리고 자당화는 고왔다.
> 1273년 4월

1271년은 고려 조정의 개경 환도를 거부하며 진도로 거점을 옮겼던 삼별초가 여몽연합군 공격을 받아 무너지고, 김통정 등 일부 세력이 제주도로 옮겨온 때다.

1273년 4월은 2년가량 제주에서 버티던 삼별초 세력이 고려 정부와 몽골의 대규모 연합군에 의해 완전히 진압당한 때를 이른다. 글귀 가운데 '더는 물러설 수 없는 섬'이라는 부분이 특히 짠했다.

여몽연합군에 의한 삼별초 진압은 무능하고 비인도적인 한반도 본토 정부가 외세를 등에 업고 자국민을 '토벌'한 비극의 전주곡이었던가?

제주에서 여드레,
'섬의 눈'으로 다시 보기

제주 첫날 석양 보며
수제 맥주 한잔

첫날 항몽유적지를 둘러보고 마음이 여러모로 편치 않았다.

역사 교과서에서 몇 줄로 언급됐던 삼별초의 실체를 유적지로 확인한 것은 의미가 있었지만 그 마지막 순간을 상상하면서 생각에 생각이 꼬리를 물었다. 마침 전시관도 휴관인데다 유적지에서 노출된 자료량은 너무 적었다. 숙소에 가서 포털로 검색해보고 그래도 모자라면 여행을 마친 후 자료를 따로 구해봐야겠다는 생각뿐이었다.

첫날 여정은 욕심을 부리지 않고 마무리했다. 숙소에 짐을 풀고 애월항 구경을 나섰다. 목도 컬컬했다.

숙소에서 나가자 바로 제주 바다는 오늘의 해와 작별을 하고 있었다. 수평선 끝으로 넘어가는 해 주변은 온통 황금빛과 주황색, 회색과 하늘색 등이 버무려져 황홀지경이었다. 오랜만에 확 트인 바다에서 맞는 석양은 환상적이었다. 약간 비릿하고 땀 내음도 배어 있는 듯한 작은 어촌은 천진한 어린이를 앞세운 관광객 가족과 만나 우아하고 평화로운 저녁 풍경을 선사했다.

우리 부부는 광활한 수평선과 어촌의 석양 풍경을 스마트폰에 억지로 집어넣으려고 애를 쓰다 단층짜리 길가 카페에 앉았다. 방금 보던 드라마는 그대로 이어지고 있었다. 시원한 수제 맥주를 한 잔씩 들고 통유리 밖으로 보이는 제주 방문 첫날의 석양을 오래도록 바라보았다.

◆ 삼별초

삼별초는 고려 고종 때인 1220년대에 특별 군사 조직으로 탄생해 농민반란 진압 등에 동원됐고 무인들의 집권 과정엔 사병 역할을 하기도 했다. 몽골 침입을 피해 무인정권이 정부를 강화도로 옮긴 후 삼별초가 대몽항전에 앞장섰다. 1270년 6월 무인정권이 사실상 와해된 가운데 원종이 몽골군에 장악된 개경으로 다시 수도를 옮기려고 하자 자신들이 무력화될 것을 우려한 삼별초는 반발했다. 이에 배중손 장군을 중심으로 승화후 온을 왕으로 추대하는 등 정부 조직을 갖추고 진도로 근거지를 옮겼다. 당시 강화도에서 진도로 향한 일행은 약 1만 5천 명, 이들이 탄 배만 1천 척이나 됐다고 한다.

삼별초는 이후 영·호남과 부산 일대 해안지역을 중심으로 강력한 영향력을 행사하고 군사력을 과시했다. 고려와 몽골 연합군은 1271년 5월 진도를 공격해 용장성에 입성했다. 진도 정부는 무너지고 온왕 부자는 참살당했으며, 배중손은 전사했다. 이에 김통정은 남은 무리를 이끌고 제주로 향해 먼저 들어가 기다리고 있던 이문경 부대와 합세했다. 제주 삼별초는 남해안을 중심으로 재해권을 행사하며 위협적인 존재감을 드러냈다. 하지만 1273년 2월 1만에 이르는 대규모 여몽연합군이 제주에 도착, 대대적 토벌에 나서면서 3년에 걸친 삼별초의 항쟁은 최후를 맞았다. 당시 포로가 된 사람이 1300명에 이르렀다.(제주도청 홈페이지 참조)

항몽순의비

◆ 제주인과 삼별초

삼별초에 대해 역사 교과서에선 몽골에 굴복하지 않고 끝까지 싸운 반외세 자주정신을 강조했던 것으로 기억한다. 특히 군사 쿠데타로 집권한 박정희 정권 시절에는 삼별초를 자신들의 정통성 확립에 활용했다는 시각이 있다. 그러나 현재 삼별초에 대한 평가는 보는 사람에 따라 상당히 다르고 당시 시대 상황을 보더라도 복잡한 측면이 있는 것으로 보인다. 삼별초가 마지막 항쟁을 벌였던 제주도 주민들 입장에선 더욱 그런 것 같다.

제주도민 입장에서 쓴 『새로 쓰는 제주사』(이영권, 2005)를 보면 삼별초 항쟁은 상당히 애국적으로 보이지만 제주 사람들에겐 꼭 그렇지 않다고 한다. 제주 사람들에겐 삼별초가 제주에 들어온 것 자체가 '재앙'일 수도 있었다는 것이다. 그들에겐 고려도, 몽골도, 삼별초도 모두 똑같은 '외세'에 불과하다는 시각도 보여준다. 누구든 대등하게 교류를 나누면 친구지만, 고통을 주면 적일 수밖에 없다는 것이다. 여기서 나아가 논란의 소지가 있지만, 제주사를 잘

항파두리성 공사 장면(항몽유적지 자료관)

살펴보면 고려 정부나 삼별초보다 오히려 몽골 세력이 제주 사람
들에게 더 많은 혜택을 준 것이 아닌가 하는 시각으로 확대된다.
이 부분은 제주를 100년간이나 지배했던 현지 몽골 세력이 고려에
대항한 '목호의 난'을 진압하고 잔당을 소탕한 최영 장군 관련 서
술에서 다시 언급된다.

　제주도청 홈페이지를 보면 삼별초는 외세의 간섭을 받지 않는
자주적 고려 사회를 건설하기 위해 몽골에 반대하는 반외세, 몽골
과 강화했던 고려에 대한 반정부 노선을 분명히 한 항쟁을 전개했
다고 서술하고 있다. 그런데 삼별초에 대한 제주민들의 감정은 입
도 초기에서 주둔이 장기화되면서 점차 변해간 것으로 추정된다.
강화도에서 진도로 근거지를 옮겼다가 여몽연합군에게 무너져 김
통정 장군 등이 잔류 세력을 이끌고 제주로 들어가기 전, 선발대
격인 이문경 부대가 제주에 들어가 관군과 전투를 벌일 때까지만
해도 제주민들은 삼별초를 해방군으로 인식했다. 그러다 김통정
등이 제주로 들어가 본격적 항쟁을 벌이면서 서서히 틈이 벌어졌

던 것으로 보인다. 삼별초가 대몽항쟁을 이유로 여러 방어시설을 구축하고 선박 건조, 군량 확보 등 과정에서 제주민들에게 약탈을 일삼았기 때문이다.

고려 정부군인 김수·고여림 군대와 삼별초 선발대인 이문경 군대 간 동제원·송담천 전투에선 삼별초가 수적 열세에도 불구하고 관군에 승리했다. 이는 제주도민들이 삼별초를 해방군으로 생각하고 적극 지원했기 때문으로 분석된다. 제주로선 1105년(숙종 10) 탐라국이 해체되고 중앙정부에서 관리가 파견되는, 중앙정부의 직접 통제를 받는 지방으로 자리 매김을 했다. 그런데 이 지방관들이 주민들에게 심한 수탈을 일삼고 토착 지배세력들은 그들대로 지방관에 빌붙어 토지를 침탈, 민심은 크게 동요하고 있었다. 1168년(의종 22) 양수의 난, 1202년(신종 5) 번석·번수 형제의 난에 이어 1267년(원종 8) 초적(草賊) 문행노의 난이 잇따라 일어난 것이 그 방증이다.

그렇지만 2년 뒤 양상은 완전히 달랐다. 원종 14년(1273) 홍다구 등이 이끄는 몽골군 6천 명과 김방경이 이끄는 고려정부군 6천 명 등 1만 2천여 명의 토벌군이 4월 28일 제주에 상륙한 지 단 사흘 만에 삼별초 항거의 근거지인 항파두성이 함락됐다. 김통정 장군이 부분적 항전을 계속했다지만 삼별초의 항복은 이미 공식화됐고, 김통정 역시 6월에 한라산 기슭인 붉은오름에 들어가 자결함으로써 삼별초의 대몽항쟁은 막을 내렸다.

삼별초를 놓고 반외세에다 외세와 결탁한 정부에 대한 항쟁을 부각할 수도 있지만, 제주도민 입장에선 그들의 삶을 매우 어렵게 만들었다는 측면에서 항파두리성 등 유적 '성역화' 여부는 신중하게 접근하는 분위기를 보이고 있다.(제주도청 홈페이지 참조)

제주 끝내 못 오신
친정 엄마 생각

동상이몽(1)

대학 때 역사학을 전공했지만 시대 상황이 편하게 역사 공부를
할 수 없게 했던 탓일까? 남편은 '한 달 여행 출정식'을 하면서도
역사에 치중했다. 반면 나는 요즘 말로 '갬성 여행' 좀 해보고 싶었
다. 한창 국외 여행을 하고 싶던 차에 코로나19가 발생해 대리만
족이 필요했다. 한 번도 가보지 못한 우리나라 곳곳 자연을 만끽
할 수 있다는 벅참으로 가득했다.

하지만 단언컨대 이번 제주 여행은 다크투어리즘으로 가득 채
웠다고 해도 과언이 아니다.

제주공항에 내리기 전 지도를 쫙악 훑었다. 공항에 내려 렌터카
를 접수하고서 지도상 제주공항 왼쪽에 있는 애월로 향했다. 점심
을 먹으려니 공항과 가장 가까운 볼거리를 선택해야 해서다. 그동
안 제주는 열 번쯤 여행했는데, 남편과 단둘이서 온 건 처음이다.
애월이 좋다는 소문도 들었지만, 늘 주요 관광지 점찍기에만 바빴
던 것 같다. 가족, 친구 모임이 주를 이루다 보니 전체 구성원들 요
구에 맞췄던 게다.

제주 여행은 항상 즐겁고 행복에 겹지만 한편으론 슬프기도 하

다. 2002년 3월쯤 친정 엄마와 여동생, 나 셋이서 창원 안민고개 능선을 걷던 기억이 떠오른다. 그 무렵 엄마는 이미 아파왔고 얼굴에 살도 빠져 있었다. 엄마가 아프기 직전에 난 삼남매와 제주 여행을 기획했다. 엄마에겐 생애 첫 제주 여행이 될 것이었다. 하지만 병이 악화되면서 엄마와 제주 여행은 자연스레 무산돼버렸다. 그리고 1년 후 엄마는 소천했다. 얼마나 오래 살 거라고 자식과 남편 챙기느라 몸에 좋다는 보약 한 첩 못 드셔보고, 맛난 것도 참고 아껴 살았을까. 일찍 보내드리고 나니 안타까운 것이 한두 가지가 아니었지만 그중에서도 제주 여행 한 번 못 다녀온 게 제일 맘에 걸렸다. 나에게 제주는 그런 곳이다.

6월 1일 애월 항몽유적지엔 붉디붉은 양귀비가 지천이라는 인터넷 정보들을 읽은 터라 몇 송이라도 양귀비가 남아 있을 줄 알았다. 그런데 야속하게도 일주일 전에 한창 만개해 자태를 자랑하

다가 며칠 전에 양귀비 밭을 갈아엎었다는 것이 아닌가! 이게 머선 일이고?

흔적 한 자락 남아 있지 않은 황토빛 양귀비 밭을 하염없이 바라보니 한숨만 나왔다. 그래도 항몽유적지 왔으니 유적지나 보고 가야겠다 싶어 옛 토성을 따라 한 바퀴 하기로 마음먹었다. '삼별초 최후 항전지 항파두리성 내성지'라고 쓰인 팻말을 읽고 고개를 끄덕끄덕한다. 삼별초가 끝까지 버텼던 곳이라고 여기니 발로 밟는 땅에 의미가 붙는 것 같았다.

바깥 토성을 보려고 유적지에 놓인 데크를 따라가 보니 전망대 역할을 하는 조그만 팔각정이 눈에 띈다. 아래쪽으로 토성이 있음직한 넓은 터에 토끼풀이 자라 또 다른 풍광을 연출하니 그것도 장관이었다. 눈높이와 맞닿은 파란 하늘과 구름도 우리 여행 첫날을 축하하는 것처럼 느껴졌다.

항몽유적지 전시관은 코로나 탓에 문이 잠겨 있었다. 항몽유적지 휴게소에 들러 유적지 관련 안내 책자만 챙기고, 잠시 앉아 아이스크림으로 당을 보충했다.

애월 고내리에 숙소를 잡았다. 바다가 보이고 스파 시설도 돼 있다고 해서 선택했다. 아주 만족스럽진 않았지만 하룻밤 머물기엔 충분한 곳이었다. 짐을 풀어놓고 잠시 쉬다가 일몰 풍경이 보일 즈음 저녁 먹거리를 찾아 나섰다.

낮에 공항 도착하자마자 갈치조림을 먹은 터라 저녁은 좀 비릿하지 않은 걸 먹으면 좋겠다 싶었다. 여행 첫날이니 시원한 맥주도 한잔해야 하니까 맥주 안주도 겸할 집을 만나면 좋겠다는 생각도.

하지만 밥집을 찾던 우리 발걸음은 고내리 해변 일몰 풍경에 푹 빠져 배고픔도 잠시 잊어버렸다. 시골 해변 느낌이면서도 제주 바다 향이 물씬 나는 해변 위로 빨간 해가 빠져들며 사라질 때까지.

일몰에 붉어진 얼굴로 길거리를 어슬렁거리다 끌리는 이름을 만났다. '잇수다'. 왠지 소주 안주에 어울릴 듯한데, 파스타 전문점이다. 새우로제파스타와 리코타치즈샐러드를 시키고 수제 맥주도 두 잔 시켰다. 탁자가 서 너 개밖에 없는 조그만 식당 창가에 앉아 우린 '전국 한 달 여행' 시작에 감격하며 감미로움을 만끽했다.

항몽(抗蒙)과 멸호(滅胡)의 얄궂은 운명

2일차

아침 산책을 나섰다. 숙소 주변 바닷가로 나갔다가 삼별초 항몽정신을 기리기 위해 애월주민들이 세운 비석 등 조형물을 발견했다.

다락빌레쉼터에서 마주친 비석 제목은 '涯月邑境(애월읍경)은 抗蒙滅胡(항공멸호)의 땅'.

항몽은 고려를 침략한 몽골에 굴복한 고려 조정을 따르지 않고 끝까지 맞서 제주에서 장렬한 최후를 맞은 삼별초를 상징하는 것으로 보였다.

그런데 '멸호'는 의외의 발견이자 처음 접하는 단어였다. 비석 내용 등을 보니 제주에서 100년 가까운 세월 동안 점령군 행세를 해온 몽골 목자(목호·牧胡)들을 완전히 진압한 것을 가리키는 것이었다. 그 진압군 책임자인 최영 장군을 기리는 상징적 단어이기도 했다. 고려 조정은 삼별초군을 자력으로 진압하지 못해 침략군이자 외세인 몽골의 손을 빌렸고 여몽연합군이 마침내 삼별초를 완전 진압한 후 몽골은 군사 1500여 명을 제주에 남겨 말을 키웠다. 이들은 이후 100년 가까운 세월을 제주에 주둔하면서 점령군으로 행세했다. 말

다락빌레쉼터에서 마주친 비석

사육두수가 늘어나면서 주둔 군인 수도 늘어난 것으로 보인다. 오랜
세월 제주도를 장악한 이들은 '현지화' 과정을 거치면서 제주 여자
들과 혼인을 하고 가정을 이루기도 했다. 원나라가 멸망하고 명나라
로 중국 중원 지배자가 교체되면서 몽골 세력은 변방으로 쫓겨났지
만 제주에서 위상은 여전했다. 목호들은 고려 조정에 대항하고 때론
고려 관리를 죽이기도 했다. 마침내 공민왕은 최영 장군과 함께 2만
5천여 대군을 보내 '멸호'했다.

항몽멸호 비석 양쪽에는 삼별초의 항거를 최후까지 지휘한 김
통정 장군과 목호의 난을 토벌한 최영 장군 석상이 나란히 공원을
지키고 있었다.

몽골 목자들이 제주를 지배한 100년 세월은 일제강점기 36년의
약 3배가량이나 된다. 그러니 그렇게 긴 세월 몽골 목자들은 반쯤

재일 고내인 시혜 불망비

제주민이 돼갔던 것으로 봐야 할 테고, 이들이 제주에 끼친 영향도 적지 않았다고 보는 것이 상식일 것이다. 그럼 고려 조정이 대군사를 보내 오랑캐를 멸망시켰다는데 그 대상엔 순수 몽골 목자들만 포함됐을까? 이들과 혼인한 여성과 가족도 포함되진 않았을까? 이들을 토벌한 최영 장군은 제주민들에게 수호신으로 받아들여지는 것은 맞는 건가?

항몽멸호 비석 조금 옆엔 '재일 고내인 시혜 불망비(在日 高內人 施惠 不忘碑)'도 있다. 지역 주민자치위원회와 교육청 등이 힘을 모아 항몽 정신을 기리고 고내리 출신 재일교포의 활동을 소개한 내용 등이 있었다. 척박한 섬 환경에서 겨우 생계를 이어가면서 토호 세력과 관리들에게 수탈당해온 주민 가운데 일부는 일본으로 건너가 돈을 벌면서 친목회를 조직해 틈틈이 고향 발전을 위한 사업

을 벌이기도 한 것이다. 읍소재지가 아닌 고내리에 애월고등학교
가 들어선 것은 재일교포들의 애향심에서 비롯된 것이란 설명이
나온다.

　아침 겸 점심으로 칼국수와 물회를 먹고 아름다운 해안을 구경
하며 한림공원을 찾았다.

　약 50년에 걸쳐 한 개인이 이뤄놓은 아름다운 정원은 동양에서
이름이 높아 중국 지도자 등 유명인들이 즐겨 찾는 곳이다. 구석
구석 돌아보면서 수십 년에 걸쳐 공원을 조성한 분이 존경스럽다
는 말이 저절로 나왔다. 각종 열대성 나무며 꽃이며 공작 등 새들
이 온 공원을 채웠다.

　숙소로 오는 길에 화산 지층이 특이한 곳을 더 둘러봤다.

걸음을 멈추고

◆ 삼별초 토벌 후 눌러앉은 '목호'의 난

목호(牧胡)로 불린 몽골 군인들이 제주에 주둔하게 된 것은 원종 14년(1273년) 고려와 몽골(여몽) 연합군이 제주에서 최후의 거점을 마련한 삼별초군을 토벌한 후였다. 고려 공민왕 23년(1374년)에 전함 314척을 타고 최영 장군 지휘를 받은 정예병 2만 5605명에게 토벌당하기까지, 목호들은 100년간 제주에 주둔했다.

제주도청 홈페이지는 삼별초와 몽골 관련 부분을 이렇게 소개하고 있다.

> 제주섬은 고려시대 대몽항쟁의 주력군으로 활약했던 삼별초의 마지막 격전지였던 것. 고려정부군과 삼별초군이 번갈아가며 해안에 쌓았던 환해장성이 남아 있고, 삼별초군이 주둔했던 항몽유적지가 있다. 삼별초군은 애월에 각종 방어시설뿐만 아니라 궁궐과 관아까지 갖춘 항파두리성을 쌓고 여몽연합군에 맞섰지만 고려 원종 14년(1273)에 함락되었다. 그 후 제주는 고려 말 최영 장군이 목호군을 토벌할 때까지 몽골의 지배 속에 놓여 있었다. 새별오름, 외돌개, 막숙, 범섬 등이 최영 장군과 목호군이 격전을 벌였던 고려시대의 유적지들이다.

그런데 삼별초는 역대 정권의 입맛에 맞았든 어쨌든 반외세 자주정신의 상징으로 그려졌고 교과서에도 빠짐없이 등장하지만 목호의 난과 그 토벌 과정은 잘 소개되지 않았다. 제주 삼별초 진압이 공식적으로 3일 만에 끝난 반면 목호의 난 진압은 거의 한 달에 걸쳐 계속됐고 사상자 규모가 제주 섬으로 볼 때 엄청났음에 비해 의외다.

삼별초 진압엔 토벌군 1만 2천여 명이 160척의 배를 타고 왔고 100년 뒤 목호의 난 진압엔 314척에 2만 5605명이 타고 왔다고 한다. 제주 삼별초 규모가 얼마나 됐는지 정확한 기록은 없다. 역사학자들은 단지 김통정 장군과 유존혁 일행이 타고 왔던 배 규모 등을 따져 토벌군 규모와 비슷한 1만 2천 명가량으로 추정할 뿐이다. 이 숫자도 군인을 포함해 강화도-진도-제주도로 따라나선 가족들까지 포함한 것으로 본다.

그러면 목호 세력들은 얼마나 됐을까? 토벌군 규모로만 볼 때 삼별초 당시의 배가 넘는 규모의 군대를 투입했는데도 3일 만에 항파두리성을 접수한 삼별초 때와 달리 거의 한 달 동안에 걸쳐 전투를 벌인 것만 봐도 목호 세력 규모를 짐작할 수 있다. 특히 삼별초는 2년 조금 넘게 제주에 주둔했지만 목호는 100년 세월을 제주에 머물렀기 때문에 재래 전쟁의 기본 토대인 인적·물적 자원 측면에서 차원이 달랐으리란 짐작이 가능하다. 무엇보다 제주 사람과 결혼한 목호와 그 가족의 존재가 가장 큰 차이였을 것으로 보인다. 이영권(2005)은 "결국 목호란 단지 몽골 사람들만이 아니라 반몽골인화한 제주 사람들까지 포함하는 개념"이라고 정의했다.

한 달간 진행된 전투에서 고려군과 목호군은 물론 민간인 사상자는 엄청난 규모였을 것으로 추정된다. 단순 계산으로 당시 목호 세력 규모가 삼별초 때와 마찬가지로 토벌군과 비슷하다고 했을 때 전체 사상자 규모를 짐작할 수 있다. 목호군은 토벌군에 쫓겨 서귀포 앞 범섬에서 최후를 맞은 것으로 알려져 있다. 당시의 참담함을 놓고 하담이란 사람은 '우리 종족이 아닌 것이 섞여 갑인(甲寅)의 변을 불러들였다. 칼과 방패가 바다를 뒤덮고 간과 뇌는 땅을 가렸으니 말하면 목이 메인다'라고 표현했다. 이영권은 이를 두고 "아마 4·3 이전 시기, 외지 권력에 의한 최대의 희생은 이 사건일 것"이라고 했다. 최영을 '민족의 영웅'이라고 한 시각도 제주민 입장에서는 완전히 다를 수 있음도 시사했다. 또한 성씨와 언어를 포함한 문화와 고유 풍습, 거세술을 비롯한 말 산업 관련 부분 등 목호가 제주에 남긴 흔적이 너무 많은 데 비해 국가주의 이데올로기 때문에 몽골 지배 100년은 의도적으로 축소된 점이 없지 않다는 지적도 있다.(이영권, p.90-97)

처음 가본 한담해변
·한림공원·수월봉

동상이몽(2)

여행을 시작하면서 둘이서 약속한 게 있다. 아침 식사를 직접 해 먹지 말자는 것이었다. 조식이 나오는 호텔을 선택하거나 조식이 없을 땐 밖에서 사 먹기로 했다. 애월 아침 식사는 해변을 드라이브하다 만난 각재기국(전갱이국) 전문집에서 각재기국과 성게미역국을 먹었다. 각재기국은 처음 먹어보았는데 담백하고 생각만큼 비릿하진 않았다.

애월에 여러 번 들렀지만, 한담해변 산책로를 산책한 것은 이번이 처음이었다. 화산이 폭발할 때 융기했던 검은 돌이 우후죽순 만들어낸 한담해변 바다는 감청빛 염색을 한 실크처럼 은은했다. 6월 기온은 낮지 않지만 바람은 초봄처럼 시원했다. 산책로를 한 바퀴 돌고 바다가 가장 잘 보일 듯한 카페에 앉아 목을 축이며 그 순간을 즐겼다.

제주도 지도에서 제주공항을 중심으로 왼쪽 편으로 이동하면서 그동안 못 봤던, 보고 싶던 곳을 둘러보기로 했다. 제주 오면 자주 갔던 협재해수욕장은 통과하는 대신 근처에서 협재칼국수와 한치물회를 점심으로 선택했다. 여미지는 여러 번 가봤지만 한림공원

은 못 가봐 소화도 시킬 겸 걸어보기로 했다.

한림공원에 들어서면 말끔하고 정갈한 사설공원 이미지가 먼저 느껴진다. 원시림 같은 경이로움은 없다. 하지만 협재리 바닷가 황무지 모래밭을 사들여 야자수와 관상수를 심어 가꾼 흔적이 군데군데 각인돼 있다. 인공미와 자연미가 잘 어우러진 모습이다.

'아열대식물원에는 제주도 자생식물과 워싱턴야자, 관엽식물, 종려나무, 키위, 제주감귤, 선인장 등 2000여 종 아열대식물이 자라고 있다. 제주석분재원에는 기암괴석과 소나무·모과나무 등의 분재가 전시되어 있으며, 야외 휴양시설 등도 갖췄다.'(네이버 지식백과)

한림공원을 만든 사람은 송봉규 씨다. 1971년부터 꾸며왔다. 공원 중간쯤 들어서면 각양각색 꽃들이 시선을 사로잡는다. 다양한 선인장과 야자수 구경이 끝날 무렵 식물원 안에서 동굴을 만난다.

송 씨는 1981년 공원 내에 매몰됐던 협재동굴 출구를 뚫고 쌍용동굴을 발굴해 두 동굴을 연결한 뒤 1983년 10월 공개했다고 한다. 1986년에는 아열대식물원을 준공하고 1987년 재암민속마을, 1996년 수석전시관, 1997년 제주석분재원을 잇달아 개원했다.

협재굴은 약 250만 년 전에 한라산 일대 화산이 폭발하면서 생성된 용암동굴이다. 황금굴·쌍용굴·소천굴과 함께 용암 동굴 지대를 이뤄 1971년 9월 30일 천연기념물 제236호로 지정됐다. 이들 동굴에는 용암동굴에는 생기지 않는 석회질 종유석과 석순 등이 자라고 있다. 하도 많은 굴을 봐와서 그런지 큰 감동은 일지 않았다.

공원에 가면 물이나 연못이 꼭 있다. 연못 위로 다리가 가로지르고 다리 위를 지나면 자그마한 폭포들이 반긴다. 한림공원 구경 막바지에 있는 작은 동물원에선 공작이 날개를 펴서 온몸의 자태를 자랑하는 순간을 포착했다. 공원을 다 돌면 창립자를 소개하는 자료들과 동상, 다녀간 정치인들과 유명인들도 보게 된다. '관광지 가면 꼭 있다' 시리즈를 보는 듯한.

수월봉 지질트레일에 도착하기 전 정보를 찾아보니 예전에 봤던 주상절리와 비슷해 보였다. 제주도야 어딜 가든 주상절리가 분포해 있으니 큰 기대는 하지 않았다. 내비게이션을 좇아 수월봉을 찾았는데, 주차장이 바로 보이지 않아 길가에 차를 대고 수월봉 탐색에 나섰다. 그런데 수월봉이 먼저 보이지 않고 지질트레일이 바로 나타나 그쪽으로 발길이 이어졌다.

지질트레일은 산 전체의 서쪽 부분이 연안 조류와 해식 작용으로 깎여 서안 일대 1.5km 절벽이 병풍처럼 둘러쳐져 있다. 지질 역

지질트레일

사의 흔적이니 지리학, 고고학, 지질학 전공자나 관심 있는 이들의 체험 현장이 될 만하다.

산 정상부는 넓은 용암대지이며 사방을 내려다볼 수 있는 6각형 수월정(水月亭)이 서 있다. 그러나 바람이 많이 불고 피곤함도 엄습해 수월봉은 눈으로만 스캔하고 되돌아 나왔다. 한림공원을 너무 샅샅이 본 탓이다. 체력 안배의 중요성을 실감했다.

이동하면서 숙소 예약하는 건 피곤한 일인데, 완전 내 임무다. 내가 숙소 보는 안목(?)이 더 낫다 싶기도 하고, 분위기 좋고 조식 맛 괜찮은 숙소를 찾으려면 인터넷 서핑을 이만저만 해야 하는 게 아니다. 정말 내 인내력이 없었다면 숙소 찾는 게 쉽지 않은 숙제여서 여행을 이어가기 싫어졌을지도 모른다.

공항에서 애월, 한담해변, 협재, 수월봉 쪽으로 이동하다가 6월 3일엔 송악산 방면 숙소를 정하기로 마음을 먹었다. 송악산과 산방산 쪽에 볼거리가 많아서다. 뷰가 좋은 곳을 고르다가 산방산

뷰가 꽤나 좋다고 소개된 호텔을 선택했다.

체크인을 하고서 방에 들어갔는데 깜짝 놀랐다. 창문 밖이 산방산으로 가득 찼다. 침대에 누워서 통유리 창문을 보고 있으면 산방산이 내 가슴 속까지 들어올 기세다. 호텔 사장은 "언제 어느 각도에서 보느냐에 따라, 또 날씨에 따라 산방산은 매번 다르게 보인다"고 알려줬다.

날이 어둑어둑해지기 전에 호텔 정원으로 드리워지는 산방산 자태를 보려고 나갔더니 해가 뉘엿뉘엿 지면서 구름이 산방산의 3분의 2를 가려 제대로 산방산이 나타나지 않았다. 숙소 주위는 칠흑같이 어두웠다. 사장이 추천해준 식당에서 삼겹살에 소주를 곁들이며 두 번째 밤 추억을 만들었다.

섯알오름의 비극과
검정고무신 네 켤레

3일차

산방산의 '요술'과 송악산 동굴진지

오전 작으면서도 이쁘
장한 호텔에서 조식을 해
결했다. 전날 밤 들어섰을
때 숙소에서 산방산이 바
로 눈 앞에 보여 기분이
좋았다. 아침 기운을 맞으
며 호텔 정원에서 바라본
큰 종 모양의 산방산은 신

호텔에서 본 산방산

비로웠다. 안개에 가려 아무것도 보여주지 않으려는 듯 몸을 감쌌다
가 순식간에 온몸을 드러내는가 싶더니 다시 해무로 온몸을 감추곤
했다. 잠시 눈을 돌렸다가 다시 바라보면 모습이 사라지거나 잠시
모습을 드러내는 식이었다. 호텔 주인은 은근한 자랑을 숨기지 않으
며 10분 간격으로 산 모양이 바뀐다고 귀띔을 했다.

산방산은 높이가 395m밖에 되지 않고 폭도 높이의 배를 크게
넘지 않은 정도였지만 왠지 거대하고 무겁게 다가왔다. 뭔가 기세

가 남다른 것 같은. 아침 식전에 산을 더 가까이 보기 위해 어귀 쪽으로 걸어갔다. 산이 가장 잘 보이는 편의점에 들어가 간단한 음료수를 하나씩 사 들고 파라솔 아래에 자리를 잡았다.

산 아래 위, 왼쪽 오른쪽을 번갈아 바라보며 한참을 음미했다. 아무 준비도 하질 않았고 그럴 맘도 없으면서 괜스레 산에 오를 양으로 '요즘 산방산에 오르는 이들이 많으냐'고 물었다. 지금은 생태계 보호 차원에서 등산이 금지된 상태라고 편의점 주인이 일러줬다.

조금 있다 왼쪽에선 산이 어떤 모양일까 보려고 이동했다. 이쪽에서 보고 저쪽에서 보고, 요모조모 마치 신체검사 하듯 바라보고, 다시 눈으로 산을 훑어보곤 아쉬움을 달래며 숙소로 돌아왔다. 그만큼 무게감이 느껴지면서도 손안에 쥐고 싶고 눈에 넣고 싶을 정도로 정감이 가는 산이었다고 할까. 숙소에 돌아와 다시 바라본 산방산은 안개에 언제 덮였었나 싶게 온전한 몸 전체를 뽐내고 있었다.

산방산 바라기 명당에 자리잡은 호텔을 떠나 역시 산방산 건너편에서 산을 좋아하는 사람들을 겨냥해 들어선 것으로 보이는 카페에서 커피를 한잔했다. 마치 숨바꼭질하듯 산은 다시 몸을 숨기고 있었다. 오전 내내 산안갠지 물안갠지 정체 모를 안개에 몸을 숨겼다 드러냈다를 반복하며 좀처럼 온전한 모습을 보여주지 않았다. 객들은 오히려 그런 모습의 산을 좋아할까 싶기도 했다. 산 한 번 쳐다보고 바다 한 번 쳐다보고.

비는 그쳤고 덥지 않아 애초 계획대로 송악산 둘레길을 돌았다. 해무가 너무 자욱해 주변은 어디부터가 바다이고 산인지 전혀 분

송악산 일제 동굴진지

간이 되지 않았다.

둘레길 입구엔 일제강점기 주민들을 동원해 파놓은 동굴진지가 곳곳에 모습을 드러내고 있었다. 패망을 눈앞에 둔 일제가 소형 선박을 이용, 연합군 선박을 향해 자살 폭파 공격을 하기 위해 만든 것이라고 한다.

전쟁의 흔적, 주민들을 혹사시킨 물증들이 곳곳에 그대로 있었지만 송악산 자체는 아름다웠다. 해무가 걷혔으면 했지만 그것대로 맛이 있었다.

송악산 능선에도 일제가 연합군에 마지막으로 저항하기 위해 파놓은 동굴진지들이 그대로 남아 있었다. 누구를 위한 전쟁인지도 모르는 상황에서 주민들은 매일 동원돼 해안선에서, 능선에서 동굴진지를 만드느라 엄청난 고초를 겪었으리라. 그 진지가 실제 전쟁에 사용됐다면 동원됐던 주민들을 향해서도 폭격이 가해질 수도 있었으리란 상상만 해도 끔찍했다.

예비검속-학살-고무신·동전 한 닢

회국수로 점심을 때우고 밭 가운데 덩그러니 형태를 유지하고 있는 일제 전투기 격납고 몇 곳을 보고 섯알오름 앞에 섰다. 6·25를 제외하면 한국 현대사의 가장 큰 비극으로 꼽히는 제주 4·3 현장이 열리고 있는 것이다. 일제 격납고가 멀리 보이는 섯알오름 입구 제법 넓은 주차장에는 새를 두 손에 앉힌 사람을 형상화한 대형 조형물이 서 있었다. 원래 파랑새라 불렸을 새도, 일대를 내려다볼 수 있는 키 큰 사람도 모두 검은색이었다. 평화를 기원했건만 돌아온 건 공포요, 학살이었으니 온통 어두운 색이리라.

한국전쟁 발발 직후인 1950년 8월, 1947~1948년에 걸친 4·3의 비극이 지난 지 얼마 되지 않은 제주 대정읍 섯알오름. 한국전쟁이 진행 중인 상황에서 소위 '예비검속'이란 미명 아래 잡혀온 주민들이 수십 명 혹은 100여 명 단위로 집단학살 후 암매장됐다.

섯알오름에는 주민들이 영문도 모르고 줄을 선 채 총살된 비명의 언덕과 암매장된 구덩이가 그대로 보존돼 있었고 군경이 학살된 주민들 유품마저 없애려고 불태우던 장면을 재현한 작품도 전시돼 있었다.

이곳 예비검속 희생자 추모비와 현장에 세워둔 '불법주륙기' 등을 보면 전쟁이 발발하자 군경은 모슬포경찰서 관내 344명을 예비검속해 강제 구인, 관리해오다 이 가운데 계엄사령부에 송치된 C, D급 252명을 섯알오름과 정뜨르 비행장 등에서 차례로 학살해 암매장했다.

일제강점기 일본군은 섯알오름 일부를 파 내 탄약고로 사용했고, 일본이 패망한 뒤 미군이 이를 폭파시켜 구덩이만 남아 있었

주민들이 암매장됐던 섯알오름

다. 그런데 해방 후 대한민국 군경이 예비검속된 주민을 총살해 암
매장하는 데 이 구덩이를 다시 사용한 것이다. 나라를 잃고 일제에
동원돼 탄약고를 파는 데 동원됐다가, 해방 후 진주한 미군이 이
를 폭파하는 장면을 본 지 얼마 되지 않아 자신들을 보호해줄 줄
알았던 한국 군경에 의해 총살돼 그 구덩이에 암매장되는 비운이
라니.

섯알오름 학살터 옆에는 예비검속 희생자 추모비와 함께 신원
이 파악된 사람들의 명단 등이 새겨져 있다. 입구에는 이들이 학살
되는 과정이 비교적 상세하게 소개돼 있고 당시 군경이 패전에 쫓
긴 나머지 단지 인민군에 협조할 우려가 있다는 자의적 판단으로
일부 주민들에게 얼마나 참혹한 만행을 저질렀는지 고발하고 있
다. 특히 추모비 앞은 물론 '불법주륙기', '증거인멸의 장소' 등 비
문 앞엔 유난히 검정고무신이 많이 눈에 띈다. 군경에 검속된 주민
들이 어딘지도 모를 장소로 끌려가며 죽임을 예상하곤 가족들에

게 자신들의 동선을 알려주기 위해 트럭 밖으로 하나씩 던진 고무신이다.

추모비 앞 제단엔 검정고무신 네 켤레가 놓여 있고 그 앞엔 술을 한 잔씩 따라 놓았다. 그리고 너무나 억울한 원혼들의 저승길 노잣돈인 양 동전 한 닢씩.

추모 공간으로 들어오는 입구에는 주민들을 학살한 군경이 이들의 흔적마저 완전히 없애기 위해 소지품을 불태운 만행을 재현한 작품이 놓여 있었다.

갑자기 사라진 가장, 아들 등을 찾아 마을 주민들이 길 위에 버려진 고무신을 따라 현장에 도착했을 땐 이미 예비검속자들의 옷가지와 담요, 벼개, 부식, 쌀 등이 뒤엉켜 불타고 있었다고 한다. 이를 형상화한 작품은 무엇들이 탄 것인지도 모를 정도로 큰 검댕이와 불에 반쯤 녹은 주전자, 그리고 주인 잃은 고무신도 어지럽게 놓아 뒀다.

◆ 제주 4·3 사건은 무엇인가

제주도 인터넷 홈페이지는 4·3사건을 '1947년 3월 1일을 기점으로, 1948년 4월 3일 발생한 소요 사태 및 1954년 9월 21일까지 제주도에서 발생한 무력 충돌과 진압 과정에서 주민들이 희생당한 사건을 말한다'고 정의하고 있다. 1947년 3월 1일은 4·3의 도화선이 된 것으로 지목되는 경찰 발포 사건이 일어난 날이다. 당시 '제28주년 3·1절 기념 제주도 대회'를 마친 3만 명에 이르는 참가자들 가운데 일부의 시위가 벌어진 가운데 현장 기마경찰의 말발굽에 어린아이가 다쳤지만 경찰이 그냥 지나갔다. 이에 흥분한 군중들이 돌을 던졌고 경찰이 구경꾼들을 향해 발포, 민간인 6명이 죽고 8명이 부상한 사건이다.

1948년 4월 3일은 무장대가 제주도내 24개 경찰지서 가운데 12곳을 습격, 14명이 사망한 문제의 사건이 발발한 날이다.

1954년 9월 21일은 한라산 금족구역이 완전 해제된 날이다. 그해 4월 1일엔 한라산이 부분 개방되고 산간부락 입주와 복귀가 허용됐다. 이에 앞서 4·3 사건이 일어난 지 6개월여 만인 1948년 10월 17일 송요찬 9연대장은 제주 해안에서 5km 이상 지역에 통행금지를 명령하고, 이를 어길 시 이유여하를 막론하고 총살에 처하겠다는 포고문을 발표한 바 있다.

각종 기록이나 보고서 등을 종합해보면 제주 4·3 사건으로 약 3만 명이 목숨을 잃은 것으로 보인다. 이는 당시 제주도 전체 인구

시민 동포들이여!
경애하는 부모 형제들이여!

'4·3' 오늘은 당신님의 아들 딸 동생이
무기를 들고 일어섰습니다.
매국 단선단정을 결사적으로 반대하고
조국의 통일독립과 완전한 민족해방을 위하여!
당신들의 고난과 불행을 강요하는 미제 식인종과
주구들의 학살만행을 제거하기 위하여!
오늘 당신님들의 뼈에 사무친 원한을 풀기 위하여!
우리들은 무기를 들고 궐기하였습니다.
당신님들은 종국의 승리를 위하여 싸우는
우리들을 보위하고 우리와 함께 조국과 인민의
부르는 길에 궐기하여야 하겠습니다.

시민에게 고하는 무장대 포고문. '매국 단선
단정 결사 반대' 등 내용이 보인다.(4·3평화기
념관 상설전시관 촬영)

의 10%에 해당하는 엄청난 규모다.

4·3을 전후한 기간 한반도엔 엄청난 혼란과 사건, 전쟁이 연속됐다. 해방 후 미군정기 극심한 혼란, 통일과 단일 정부 구성을 둘러싼 좌우 간 극한 대립, 남한 단독 선거에 이은 이승만 초대 대통령 선출, 대한민국 정부 수립 공포, 여·순사건 발생, 제주도 전역 계엄령 선포, 국가보안법 공포, 6·25 전쟁 발발, 제주도의회 무장대 하산권고문 결의

(1952.5.28) 등등.

제주도 인터넷 홈페이지는 4·3 사건을 '한국 현대사에서 가장 큰 비극'으로 꼽는다. 이 기간 제주의 130여 개 마을이 초토화됐다. 7년이 넘는 세월 섬 전역에서 '광풍'이 불다 보니 섬 구석구석 4·3 유적지가 아닌 곳이 없다. 이제 제주도를 '평화의 섬'이라고 하지만 진정한 평화를 체험하려면 평화를 찾기까지 제주가 겪었던 비극과 수난의 시대를 알아야 하고, 외지에서 제주를 찾은 이들이 그것을 모르고 지나치면 '반쪽 관광'이 될 수밖에 없다고 홈페이지는 적고 있다.

18년 만에 천주교 제주교구장을 퇴임하면서 강우일 주교는 미

사에서 "제주도민은 대한민국에서 가장 먼저 분단의 아픔을 온몸으로 겪은 사람들이었다. 고기잡이와 밭농사밖에 모르던 순박한 사람들 위에 어느날 갑자기 좌우 이념의 굴레가 씌워져 숲속의 토끼처럼 사냥을 당하다 잡혀 죽거나 몰래 도망을 쳐야 했다"고 말했다. 그는 이어 "분단은 단순히 38선의 지역적 경계가 아니라 피를 나눈 겨레, 동네 사람들이 어느 날 갑자기 철천지 원수처럼 적대하도록 타율에 의해 강요된 사회적 분단임을 깨달았다"며 "국민 대다수가 제주도민의 한과 고통의 역사를 모른 채 관광지로 놀러만 온다는 사실이 참으로 안타까웠다"고 지적했다.(한겨레, 2020.11.18.)

◆ '4·3 사건'은 언제 제 이름 갖나

제주 4·3은 아직 정확한 이름을 짓지 못한 채 그냥 '사건'으로 불린다. '제주 4·3사건'.

그나마 4·3을 거론하고 진상이 뭔지 살펴보고 공식 논의를 시작하는 데만 반세기가 걸렸다. 4·3특별법이 만들어지고 현직 대통령이 공식 사과를 하는 데까지 이르렀지만 아직 갈 길이 멀다.

4·3을 바라보는 시각이 다양해 아직 제대로 된 이름을 짓지 못하고 그냥 사건으로 불리는 것 자체가 그 속사정을 말해준다.

2003년 10월 31일 당시 노무현 대통령은 '제주 4·3사건에 대한 대통령 발표문'에서 과거 국가 권력의 잘못에 대해 사과하고 억울한 희생자의 명예 회복, 지난날 과오 반성 등을 언급했다. 2018년 4월 3일 문재인 대통령 역시 4·3사건 추념사에서 '국가 폭력'에 따른 고통에 다시 사과하고 배상과 보상을 약속했다. 두 대통령은 상대적으로 진보 성향으로 평가되는 인물이었다. 사과를 하고 진상조사가 진행됐지만 4·3의 명칭은 짓지 못하고 여전히 '사건'으로 남았다. 중간에 박근혜 정부가 4·3을 국가추념일로 정했다. 외관상으론 보수와 진보 정권 모두가 4·3에 대해 과거 정부의 과오를 시인하는 등 진전된 입장을 보인 것으로 여겨졌다.

그렇지만 아직 사건을 바라보는 대립적 시각 사이에는 격차가 많다. 제주4·3평화재단이 2018년 펴낸 '4·3이 뭐우꽈?'란 제목의 소책자에 보면 사건 이름을 정하지 못하고 있는 까닭과 극단적으로 나뉜 양측의 입장이 잘 정리돼 있다.

당시 미군정과 서북청년회 횡포, 남한만의 단독선거와 단독정부 수립이 낳을 분단에 반대하고 전쟁을 우려했다는 점 등에선 4·3을 '항쟁'이요, '항거'로 이름 붙여야 한다는 측이 있다. 이들은 당시 주민들이 미군정과 군대, 경찰, 서북청년단(제주에는 이들이 경찰이나 군인의 신분으로 들어왔다)에 의해 무고하게 희생됐다는 점을 강조한다. 무장대라 해봐야 고작 450~500명 수준인데 이들을 토벌하는 과정에서 무려 3만 명을 희생시켰다는 입장이다.

반면 경찰 가족이나 군인 가족을 포함, 무장대 혹은 산사람들에 의해 가족이 죽임을 당하고 피해를 본 입장에선 항쟁이 아니라 '폭동'이라고 정의한다. 무장대 토벌 과정에서 마을이 불탄 것은 이승만 정부 명령에 따른 것이지만 눈 덮인 한라산에서 토끼몰이 당하듯 쫓겨 다니다 보니 악에 받쳐 마을에 불을 지르는 등 갈수록 무자비하고 공포의 대상이 됐다는 것이다. 특히 토벌대가 그 지역 사람을 잡아 길잡이 삼아 토벌에 나서면 길잡이에 이용된 본인은 물론 가족에게 잔인하게 보복했다는 점도 지적됐다.

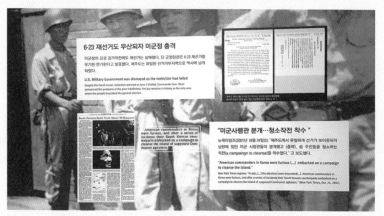

'미군, 섬 주민 청소 작전'. 미 뉴욕타임즈(2001년 10월 24일)는 "제주도에서 유일하게 선거가 보이콧되자 미군 사령관들이 분개, 섬 주민 청소작전을 착수했다"고 보도했다.(4·3평화기념관 상설전시관 촬영)

　이 소책자는 산사람에 의한 보복 살인 규모를 전체 사망자의 10% 정도로 추정했다. 당시 주민들은 마구잡이로 토벌에 나선 군경은 물론 폭도로 비친 산사람도 무서운, 극도의 공포 속에서 살아야 했다. 그래서 사람들은 당시를 세월이 미쳐버린, '광기의 시대'라 한다고 재단 측은 정리했다.

◆ 4·3 정부 측 보고서 뭘 담았나

　제주 4·3사건이 일어난 지 50여 년이 지난 2000년 1월 제주4·3사건진상규명 및 희생자명예회복에 관한 특별법이 제정 공포됐다. 이를 계기로 국무총리를 위원장으로 한 진상규명과 명예회복위원회가 설치돼 이 위원회 명의로 2003년 12월 '제주4·3사건 진상보고서'가 모습을 드러냈다. 미 군정 하에서 일어났던 제주4·3은 이승만 정권이 4월 혁명으로 무너지기까진 남로당에 의해 주도된 공산반란이고, 군경에 의해 피살된 사람은 모두 무장유격대원이나 그 동조자라는 데 반론을 제기할 수 없었다고 보고서는 그간의 경위를 설명했다.

4월 혁명 공간에서 4·3에 대한 진상규명 목소리가 높아지고 일부 진전도 있었지만 곧이은 5·16쿠데타 이후 유족을 포함한 진상규명 세력들은 구속되거나 탄압을 받고 논의는 다시 수면 아래로 사라졌다. 4·3을 다시 수면 위로 올려놓은 것은 유신정권 말기인 1978년 나온 현기영의 소설 「순이삼촌」이었다. 본격적인 논의는 1987년 민주화운동 이후에야 이뤄졌다.

정부 보고서는 제주4·3사건 인명 피해규모를 2만 5천~3만 명으로 추정했다. 이에 대한 근거는 여러 가지로 제시됐다. 1953년 제주도청이 발간한 『제주도세일람』은 제주4·3사건 희생자를 '2만 7719명'이라고 기록했다. 이 숫자는 김용하 제주도지사가 1950년 4월 밝힌 숫자와 일치한다(미대사관문서 50.5.23 인용). 김충희 도지사는 2개월 전인 1950년 2월 약 3만 명이라고 희생자 숫자를 밝힌 바 있다(국무총리실서류 1950.2.10. 인용).

그리고 조선중앙일보는 1949년 6월 28일 자에 제주도 당국 발표를 인용, 1946년 28만 2942명이던 제주도 인구가 1949년 5월 1일 조사 결과 25만 40명으로 감소했다고 소개했다. 3년 사이 3만여 명이 감소한 것이다. 서울신문 기자가 내무부차관과 동행해 취재한 결과(1949.9.1)를 소개한 기사 속 '2만 9702명'과도 비슷하다.

보고서는 해당 기간 감소 인구가 곧 4·3사건 희생자라고 단정하긴 어렵다는 점은 인정했다. 그렇지만 1947년 3·1사건 이후 제주에서 일본이나 전국 각지로 도피한 사람들이 적지 않아 인구가 감소한 반면, 한국전쟁으로 인한 예비검속 희생자 가운데 제주 사람들만 전국 형무소에서 3천여 명에 이를 것으로 보이는데 이 숫자는 통계에서 빠져 있다는 점도 함께 지적됐다. 이 같은 상황을 종합하면 결과적으로 인구 통계에서 잡힌 감소 인원 규모를 4·3사건 희생자로 보는 데 큰 무리가 없을 것으로 판단된다는 것이다.

이들 희생자 가운데 군경 토벌대에 의한 민간인 희생자와 무장대에 의한 군경 피해자는 각각 얼마나 될까? 보고서는 1949년 3월 나온 주한미군사령부의 '제주도사건종합보고서'를 주목했다. 미군보고서는 "지난 한 해 동안 1만 4천~1만 5천 명의 주민이 사망한 것으로 추정되며 이들 중 최소한 80%가 토벌대에 의해 살해됐다"고 썼다. 미군은 사망자의 80% 이상이 토벌대에 의한 것으로 분석한 것이다. 물론 여기서 언급한 전체 사망자 숫자에는 사망자가 집중된 1949년 전반기 상황이 포함되지 않은 것이다.

진상규명과 명예회복위원회에 신고된 희생자 숫자는 정부 보고서가 나올 당시 1만 4028명이었다. 여기에서 미신고 및 미확인 희생자를 포함하면 2만 5천~3만 명에 이를 것으로 추정된다는 것이다. 신고된 희생자를 기준으로 가해 주체별로 분류하면 토벌대 78.1%(1만 955명), 무장대 12.6%(1764명), 미표시 9%(1266명) 등이다. 가해자를 표시하지 않은 희생자를 제외하고 토벌대와 무장대 비율로만 보면 86.1%대 13.9%로 나타난다. 토벌대에 의한 희생이 80% 이상이라는 미군보고서와 비슷하다.

보고서가 분석한 군경과 우익단체 인명 피해 실태를 보면 군인 전사자의 경우 육군과 해군본부 등에서 4·3사건위원회에 신고한

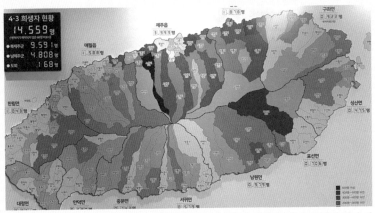

마을별 희생자 분포지도. 2019년 말 기준 4·3희생자로 신고, 인정된 1만 4442명의 당시 거주 마을별 분포현황.(4·3평화기념관 상설전시관 촬영)

내용을 기준으로 볼 때 180명 안팎으로 추정됐다. 경찰관 가운데는 전사자 140명, 전상자 92명 정도로 파악됐다. 또 서북청년회와 대동청년회, 민보단 등 우익단체원 가운데 사망자는 639명으로 나타났다. 4·3사건으로 사망한 우익단체원들은 소정의 절차를 거쳐 국가유공자와 유가족으로 인정받고 있다. 4·3사건 관련 국가유공자는 이들과 경찰 출신 105명을 포함해 모두 744명이다.

　신고 희생자를 연령대별로 보면 10세 이하 어린이가 814명(5.8%)이나 되며 61세 이상 노인 860명(6.1%)으로 노약자가 전체 희생자의 11.9%인 1674명이었다. 또 여성 희생자도 2985명(21.3%)으로 남녀노소를 가리지 않은 과도한 '작전'이 전개됐음을 알 수 있다고 보고서는 지적했다.

◆ 남로당과 4·3, 끝나지 않은 논쟁

　아직 4·3이 넘어야 할 산은 많다. 우선 지구상의 유일하게 분단이 해소되지 않은 상황에서 이념 갈등이 가장 첨예했을 당시 벌어진 4·3 진상이 제대로 밝혀질 수 있을지, 그리고 객관적 평가에까지 나아갈 수 있을 지 의문이다.

'제주4·3사건' 발발 원인은 4·3 1년 전인 1947년 3·1절에 발생한, 시위 구경 주민을 향한 경찰 측 발포 사건과 뒤이은 대규모 파업, 경찰과 서북청년회에 의한 검거 선풍과 테러, 고문 치사 등 복합적인 것으로 본다. 2003년 정부진상보고서는 당시 조직의 노출로 수세에 몰린 남로당 제주도당이 이러한 긴장 상황을 5·10 남한 단독선거 반대 투쟁에 접목시켜 지서 등을 습격한 것이 4·3무장봉기의 시발이라고 봤다.

보고서는 무장봉기를 결정하는 과정에서 남로당 중앙당의 직접 지시가 있었다는 자료는 발견되지 않았다고 밝혔다. 그렇지만 김달삼과 강규찬 등 무장대 지도부 6명이 8월 북한 해주에서 열린 남조선인민대표자대회에 참석한 점은 명백한 사실이다. 보고서는 "이들이 해주대회에 참석, 인민민주주의 정권 수립을 지지함으로써 유혈 사태를 가속화시키는 계기를 제공했다"고 판단했다.

보고서는 또 중앙당의 명시적 지시가 없는 가운데 남로당 제주도당을 중심으로 도당 군사부 산하조직인 무장대가 군·경을 비롯해 선거관리요원과 경찰 가족 등 민간인을 살해한 점은 '분명한 과오'라고 못박았다. 보고서 상으로 4·3 당일 인명 피해는 경찰과 우익 측 사망 12명(경찰 4명, 우익 인사와 민간인 8명), 부상 25명(경찰 6명, 우익과 민간인 19명), 행방불명 2명(경찰)이었다. 무장대 피해는 사망 2명, 생포 1명으로 집계됐다.

당시 무장대는 정예부대인 유격대와 이를 보조하는 자위대, 특공대 등으로 편성됐다. 4월 3일 당일 동원된 인원은 350명으로, 4·3사건 전 기간에 걸쳐 동원된 무장세력은 500명 선을 넘지 않았던 것으로 보고서는 추정했다. 그런데 무장대란 이름과 달리 무기는 4월 3일 당시 소총 30정에 불과했고, 지서 습격이나 경비대원 입산 등을 거치며 보강됐다고 한다.

당시 남로당 제주도당으로선 남한에서 단독 정부가 수립된다면 존립 기반 자체가 없어질 수 있으므로 당의 활동 공간을 확보하고 단독선거를 저지하기 위해 무장투쟁전술을 선택했다는 견해도 있다(양정심, 2008, p.251). 이 견해에 따르면 제주도당의 결정은 주민들의 지지가 있어 정당성을 획득할 수 있었고, 실제 주민들은 단독선거를 저지하기 위해 집단 입산을 결행해 전국에서 유일하게 제주에서 단선이 실패했다.

'탐라국'이었던 제주도가 고려 이후 조선 등 육지 정부와 가졌던 특수한 관계, 일제 식민지와 해방 정국을 거치면서 제주도민들이 겪어야 했던 2중·3중의 고난 등을 살펴 4·3은 결코 무장봉기가 아니고, 남로당과도 무관한 민중항쟁이라고 평가하기도 한다(김용옥, 2019, p.232-233). 억눌린 민중이 소총 몇 자루 가지고 경찰서를 습격한 사건을 민중항쟁의 핵심적 사태로 인지하는 것은 전적으로 오류에 속하는 것이며, 그들을 무장대로 부르려면 탈레반이나 월맹의 호치민처럼 무력을 계속해서 공급받을 수 있는 루트가 확보돼야 한다는 것이다. 또한 지도부 몇 사람이 남로당에 헌신하는 정체성을 지니고 있었다 할지라도 그것은 허구적 정체성이었고, 실제 제주 민중항쟁과는 아무런 관련이 없었다고 주장했다. 정부 보고서와는 약간 결이 다른 주장이다.

해주대회 참석한 무장대 총책 김달삼. 1948년 8월 21일부터 6일간 북한 해주에서 열린 남조선인민대표자대회에 제주 4·3 봉기 무장대 총책 김달삼(가운데 검정 양복에 안경) 등 6명도 참석했다.(4·3평화기념관 상설전시관 촬영)

　어떤 경우에는 4·3 주체를 남로당 제주도당과 연계성을 언급하지 않고 막연히 '제주의 청년들'로 표현하기도 한다. 그리고 4·3은 '앉아서 죽느니 차라리 일어서자'고 했던 도민의 정서 속에서 일어난 '강요된 저항'으로 규정한다(이영권, 2005, p.348-383). 이 경우 1년 전 3·1절 발포 사건 이후 전 도민에게 번진 파업 사태 후 마구잡이로 이뤄진 검거 선풍으로 1년간 도내 청년을 중심으로 무려 2500명이 잡혀간 데다 한 달 후면 분단과 전쟁을 예고하는 5·10 단독선거가 다가오고 있었다는 점을 배경으로 들었다. 실제 무장대가 뿌린 호소문과 삐라에는 '나라 팔아먹는 매국노들 척결, 반미구국 투쟁, 단선단정 반대와 조국 통일' 등을 주장했다는 것이다.

송악산 해무와
알뜨르비행장 설치미술

동상이몽(3)

6월 3일 빗방울이 듣다가 그치려는 아침, 호텔 정원은 초록 잔디 위에 빗방울과 햇살이 겹쳐 영롱했다. 산방산을 액자 속에 넣은 것처럼 연출해주는 포토존에서 맨얼굴로 온갖 포즈를 취해본다. 산방산에 드리운 물안개가 없어지기 전에, 반쯤 걸려 있을 동안, 또 완전히 걷히고 온전한 산방산 모습이 드러날 때까지 마치 웹툰으로 영화라도 만들 기세로 자꾸 셔터를 눌려댄다. 하지만 화장하지 않은 채 찍힌 내 모습은 산방산 위용을 오히려 망칠 기세다.

산방산 위력에 이끌려 있는 동안 호텔 조식이 다 됐다. 정해진 메뉴 없이 매일 아침 호텔 사장 스타일대로 나온다더니 카레라이스다. 남이 해주는 아침 밥상은 무엇이라도 맛다. 따뜻한 카레가 흰 쌀밥을 뒤덮은 카레밥을 우리는 염치도 없이 두 그릇이나 비웠다.

비가 그칠 듯하더니 주룩주룩 차창을 때린다. 이럴 땐 야외 구경은 좀 별로여서 산방산 근처에서 핫플이라는 카페에 가보기로 했다. 하도 경치가 좋다고 입소문을 탄 곳이라 주차장도 엄청 컸다. 비가 오는데도 젊은이들은 물론 우리를 비롯한 중년들도 한

해무에 휩싸인 송악산 둘레길

자리씩 차지해 경치를 즐겼다. 앞으로는 제주 바다가 펼쳐져 있고, 뒤로는 산방산이 진을 치고 있었다. 점심이 어중간한 시간이라 아보카도 샌드위치와 모닝커피를 시켰다. 송악산 둘레길을 걷고 나서 점심을 먹으려면 2시는 넘을 것 같아서다.

다행히도 커피를 마시는 동안 비는 잦아들었다. 송악산 표지석이 있는 주차장에 차를 놔두고 송악산 둘레길을 걸었다.

송악산 둘레길 초입, 엊저녁부터 오전까지 내린 비로 해무가 끼어 왼쪽 바다는 시야에 온전히 들어오지 않았다. 연둣빛이 가득한 길이었지만 길마저도 해무가 장악해 앞만 보고 걸어야 했다. 넓은 임도를 지나 바닷가 쪽을 따라 데크를 걷다 보니 바다는 계속 보이지 않고 파도 소리만 귓가에 스친다. 둘레길 전망대에서 사방으로 번진 해무 속에서 긴 호흡을 하고 길을 내려가다 보니 넓은 평원이 잠시 나타났다. 제주의 명물 조랑말 서너 마리가 해무 속에서 모습을 드러내니 관광객들이 환호성을 지르며 셔터를 누른다.

6월 햇살도 따가워 햇볕 알러지로 고생을 했는데, 이날 둘레길은 햇살 없이 해무와 함께여서인지 매우 좋았다. 아주 맑은 날 청명한 바다를 보며 걷는 것도 좋았겠지만 비온 뒤 해무 속에서 걸은 송악산 둘레길은 멋진 영화 한 편 찍은 기분이었다.

주차한 곳으로 다시 내려와 '회양 국수군'에서 감칠맛 나는 회국수로 배를 채웠다. 음식점 이름도 음양 조화를 이뤄야 좋은 건지, 회는 여성이고 국수는 남성으로 표현한 이유는 뭘까 잠깐 궁금했다.

경치 좋은 곳을 찾아 여행하기로 했지만, 제주는 의외로 어두운 역사 현장이 즐비했다. 송악산 둘레길도 그러했고, 주변 섯알오름과 알뜨르비행장도 그랬다.

알뜨르비행장을 찾으려니 처음엔 논두렁 사이로 차를 몰아야 했다. 내비게이션이 그리 가르쳐줬다. 설마 밭 가운데 덩그러니 있는 저게 비행장이었단 말인가. 차를 적당히 세우고 가까이 걸어가보니 일제 전투기 격납고가 군데군데 보였다. 한 격납고는 마치 설치미술처럼 비행기 형상을 만들어 그 위에 서낭당에 오방색 천들로 꾸민 듯 작품화해놓아 시선을 끌었다.

설치미술 작품은 원래 내가 좋아한다. 도시 곳곳 미술관 실내에 전시된 설치미술도 볼 만하지만 야외에 설치된 작품들은 그 도시의, 그 정원의, 그 공간의 이미지와 브랜드 그리고 정성에 따라 천차만별 느낌을 선사한다. 특히 크고 작은 각양각색 조각 공원에서 만나는 설치미술 작품은 그 공간을 만든 이들의 철학과 감성을 엿볼 수 있어 흥미롭다. 더욱이 주변 자연 풍광과 어우러진 설치 작

알뜨르비행장 평화 조형물

품은 그야말로 심금을 울리는 묘미가 있다.

알뜨르비행장 역시 예전 비행장 넓이 그대로 들판이 돼버린 것 자체가 설치 작품으로 다가왔다. 그 아련하고 희미한 역사를 품은 채 형상화된 격납고와 비행기 모형 하나가 덩그러니 포인트 역할을 하니 오히려 더 적막하고 쓸쓸하다. 마치 일제강점기의 쓰라림을 온 들판이 뿜어내고 있는 것 같다고나 할까.

비행기 격납고에서 뒤로 돌아보니 넓은 주차장 입구에 새를 두 손에 들고 있는 사람을 형상화한 대형 조형물이 이리 오라 손짓하며 서 있었다. 조형물이 이끄는 대로, 조형물 가까이 가서는 조형물이 가리키는 섯알오름으로 향하게 되면서 이날 여행은 더 다크해지고 말았다. 예상했던 것보다 더욱더.

'지슬' 현장 헛걸음,
본태박물관과 방주교회

4일차

영화 '지슬' 촬영 큰넓궤는 어디에

아침에 일어나 숙소 앞에 우뚝 솟은 산방산을 다시 한번 가까이서 보기로 하고 접근했다. 전날 안개 때문에 제대로 보지 못했던 아쉬움을 달래려고 시도한 것이다. 다행히 이날엔 안개 한 점 없이 온전한 모습을 보여줬다. 신비스러움은 덜했지만 여전히 특유의 기운을 뿜어내고 있었다.

산 어귀 마을 곳곳엔 분양을 하거나 짓다가 그만둔 연립주택들이 제법 들어서 있었다. 필시 산방산을 겨냥한 건축 붐이리라. 산은 말이 없건만.

산이 가장 잘 바라다보이는 곳에 자리 잡은 편의점에 앉아 바라보니 신기하게 솟은, 아무래도 잘 생긴 산이다. 지금은 등산이 금지됐다고 하니 여행객의 아쉬움이 오히려 달래지는 듯했다.

조식 후 4·3 희생자들의 이야기를 소재로 한 영화 '지슬' 촬영지인 서귀포시 안덕면 동광리 큰넓궤를 찾아나섰다. 이곳은 4·3 당시 동광리 주민 120여 명을 두 달간 지켜주었던 용암동굴이다. 길이 180m 정도 동굴에서 1948년 11월 15일 중산간마을 초토화 작전이 시작된 이후 숨어들어 간 주민들은 용하게 50일 정도를 동굴 속에서 버텼지만 동굴에서 나와 한라산으로 향하거나 다른 은신처를 찾다가 모두 학살됐다.

초행길 나그네는 제주도 인터넷 홈페이지에 나온 대로 '동광리 90번지'로 입력하고 차를 몰아 찾아갔지만 그곳엔 팻말 하나 없었다. 주변을 아무리 돌아봐도 흔적이 없었다. 아쉽지만 발길을 돌렸다.

일본인 설계·작품 전시 본태박물관

세계 3대 건축가로 불리는 안도 다다오가 한국서 처음 설계했다는 본태박물관을 찾았다. 5-4-3-2-1(전시관) 순으로 관람하라는 안내가 있었다. 관람료도 비쌌다. 5-4전시관은 불교와 유교 유물이었다. 어떻게 이렇게 많은 유물을 모았나 싶도록 귀해 보이는 유물들이 많았다. 2전시관을 거쳐 1전시관으로 향하는 동선 옆으로 난 담 위에 기와가 나타났다.

건축에 관심이 많은 아내가 탄성을 질렀다. 일본인 건축가지만 여기선 분명 한국적 요소를 가미했겠지 했는데 역시 마지막에 보여준다고. 이 동선 바닥엔 대형 수반을 배치했다. 순간 김해 봉하마을에 있는 노무현 전 대통령 묘역 입구를 들어설 때 만나는 수반 공간을 떠올렸다. 묘역 설계자 승효상 건축가도 안도 다다오의 영향을 받은 걸까.

안도는 국토 면적이 좁은 일본 특성을 잘 살려 공간을 배치하고 주요 자재인 콘크리트를 그대로 드러낸 설계로 유명하다. 그것도 혼자 학습한 결과라니.

본태박물관

박물관에는 안도가 '1995년 건축계의 노벨상격인 프리츠커상을 받았다. 그의 트레이드 마크인 노출콘크리트에 빛과 물을 건축 요소로 끌어들여 건축물과 주변과 조화를 고려하는 건축 철학을 갖고 있다'며 이 박물관은 제주 대지에 순응하는 전통과 현대를 콘셉트로 설계를 진행했다고 소개돼 있었다. 박물관 규모나 설계자 면면 등으로 봐 설립자가 궁금했지만 박물관 어느 곳에도 언급돼 있지 않았다. 나중에 보니 1전시관 어느 공간에선가 잠시 스쳐 지났던 이름 이행자, 현대가(家) 며느리 중 한 명인 그가 설립했단다.

전시관에는 역시 일본 작가인 구사마 야요이 작품이 상설 전시돼 있었다. 그의 작품 특성은 물방울(사진)이나 도트 무늬 등 일정한 패턴을 반복하는 것이다. 이는 어린 시절 그가 겪은 육체적 학대와 그로 인한 망상 때문이라고 한다. 평생 망상에 사로잡힌 채 힘겨운 삶을 살면서 이를 예술로 승화시킨 것이라고. 무한 반복되는 물방울이 끝없이 배치된 호박은 그의 대표작으로 꼽힌다.

'무한 거울의 방'에 들어가면 마치 우주를 유영하는 듯, 우주에서 길을 잃은 듯, 망상의 세계에서 환상을 보는 듯, 꿈을 꾸는 듯 아련하고 신비하기까지 하다. 이 방은 관람객들이 너도나도 보려고 줄을 서 있어 순서에 따라 10분 남짓 볼 수 있다.

제주에 명물을 만들고 방문객들에게 호사스런 예술의 세계를 보여주는 것은 좋았지만 한편으로 일제에 유린당했던 기억을 곳곳에 품고 있는 섬 제주에 한국인이 아닌 일본인 건축가와 예술 작품이 이렇게 대접을 받고 있다는 생각엔 잠시 씁쓸해지기도 했다.

재일교포 유동룡 작품 방주교회

박물관 옆엔 박물관 못지않은 특이한 외관을 자랑하는 건물이 있어 방문객들이 줄을 이었다. 방주교회, 재일 한국인 건축가 이타미 준(유동룡, 1937~2011) 작품이란다.

역시 수반 공간을 여유 있게 배치했고 교회 건물 앞부분이 성경 속에 나오는 방주를 연상시키는 모습이었다.

지붕을 옆에서 보면 새가 비상하는 모습이다. 재료는 정삼각형 타일을 잇대 붙인 모양이다. 넓은 잔디마당과 앞쪽 메밀꽃밭은 교회가 아니라 깔끔한 공원과 잘 지은 카페를 연상시킨다.

유동룡은 일본에서 태어나고 자랐지만 일본으로 귀화하지 않고 한국 국적을 유지했다. 그의 건축 세계는 건축이 들어설 공간의 지

방주교회 전경

역적 특색은 물론 해당 지역의 고유한 풍토를 살려 인간적 냄새가
나는 것으로 평가됐다. 그는 방주교회(2009) 외에도 제주도에 여러
작품을 남겼는데 '포도호텔'(2001), '수·풍·석 미술관'(2006) 등이
있다. 2005년 프랑스 예술문화훈장인 슈발리에, 2006년 김수근 문
화상, 2010년 일본 무라노 도고상을 받았다.

세계적 건축가 작품을
보는 묘미

동상이몽(4)

제주에서 둘러볼 곳은 너무 많다. 본태박물관은 꼭 보고 싶었던 미술관은 아니었다. 방주교회가 하도 많이 소개돼 있기에 찾아가던 길에 가까이 붙어 있어서 들어가 보게 됐다. 몇 년 전부터 인식하게 된 일본 건축가 안도 다다오 작품에 대한 궁금증 때문이기도 했다. 그는 건축가의 노벨상이라 불리는 프리츠커상을 받았다.

하지만 유민미술관과 달리 본태박물관 내에서 안도 다다오 손길은 미술관 내부로 들어서야만 확실한 느낌이 오게 설계돼 있었다.

5개 전시실을 모두 보도록 구성돼 동선이 조금은 긴 느낌이었지만, 미술을 좋아라 하는 사람들에겐 기쁜 일이다. 전시실마다 특성이 있으니 꼭 5개 전시를 다 보고 싶지 않다면 개인 취향에 맞는 전시실에서 많은 시간을 보내도 좋다.

구사마 야요이의 호박과 물방울 무늬 작품을 만난 건 의외의 소득이었다. 구사마 야요이 물방울 무늬는 2년 전 선물 받은 자동차 열쇠고리에도 달려 있었는데, 잘 몰랐었다. 그게 이 유명한 작가의 작품이었단 사실을 이날 전시를 체험하고서야 깨닫게 됐다. 물방울 무늬로 가득한 방 안에서 나와 남편은 서로를 찾아 헤

맺고, 다른 관광객들 모습과도 함께 섞였다. 물방울 무늬가 오방색으로 반짝이고 착시 현상을 토대로 유리로 만들어진 벽과 천장으로 비치는 사람들의 다채로운 형체가 또 다른 새로운 작품으로 창조되면 탄성이 절로 나왔다. 이 방은 4명 정도만 들어갈 수 있게 했고, 10분가량 지나면 나와야만 해서 아쉬웠던 기억이 새록새록 난다.

전시실 5관을 먼저 보고 3관, 2관을 돌 즈음 안도 다다오가 주로 쓰는 물과 빛에 회색 길, 그리고 한옥 기와로 꾸민 벽이 조화를 이룬 공간을 만나게 된다. 그래 이게 안도 다다오 건축이지! 바로 알 수 있다. 햇볕이 좋고 맑은 날일수록 물에 비친 내 모습과 그의 모습, 담장과 길의 모습이 사진에 잘 담긴다. 하지만 사진을 찍으며 걸어가는 순간, 조금 짧다는 생각이 스친다. 아쉬움을 간직하고 다음에 또 오라는 것일까.

전시가 이어지다가 이행자 씨가 40년 동안 수집했다는 전통공예품 앞에 섰다. 이행자! 누구지? 들어본 적 없는 인물인데. 인터넷 검색이 필요한 시점이다. 이행자 씨는 2013년 11월 3일 문을 연 본태박물관 설립자다. 현대가 며느리로 고(故) 정몽우 현대알루미늄 회장 부인이다. 이 씨가 40여 년 동안 모아온 수집품들이 박물관 곳곳에 스며 전통과 현대가 공존하는 박물관으로 꾸며진 이유다.

방주교회는 건축가 이타미 준이 설계했다. 아무도 설명해주지 않는다면 안도 다다오 작품들과 엇비슷하다. 물과 빛과 건축이 한데 어우러지는 매력이 그렇다. 그러나 전체적인 분위기는 방주교회가 더 대중성이 있다. 야외에서 훤히 전체 건축물을 볼 수 있어서다.

방주교회 반영

교회 지붕은 커다란 독수리가 날아가는 모양 같다. 큰 비행기처럼 날개를 한껏 펴서 계속 보고 있으면 긍정 마인드가 생겨난다.

건축물 중간쯤에 물을 가르듯 가로로 놓인 돌다리는 물에 물체를 비추는 도구로 최상이다. 햇볕이 쨍쨍 내리쬐는 맑은 날씨라면 최고 인생샷을 건질 수도 있다.

방주교회는 여동생과 함께 가봤고, 이번이 두 번째다. 다행히 이번엔 쨍한 날씨 덕에 아름다운 물그림자와 빛에 반사된 내 뒤태를 감상하기 좋았다. 여동생과 갔을 땐 비가 좀 내린 뒤인 데다 건축물 주변에 고여 있던 물이 쫙 빠진 상태여서 반영을 오롯이 즐기질 못했다.

반영(反影), 그 물 그림자를 난 너무 좋아한다. 특히 자연물이 투과된 데칼코마니 반영이 나타나면 난 자주 멍을 때린다. 사진을 찍어대고 감동의 돌고래 소리를 지른다. 그림 그리기 좋겠다는 생각에 미치면 마구 또 셔터를 둘러댄다. 사진 용량만 채우고 집에 돌아가선 그림으로 바꿔놓지도 못하면서.

본태미술관과 방주교회 류의 건축물은 유민미술관에서도 확인할 수 있다. 역시 안도 다다오 작품이니까. 강원 원주 뮤지엄 산도 그의 작품이라고 해서 2021년 10월에 갔는데, 역시 나를 실망시키지 않았다. 일본 나오시마섬은 쓰레기 투성이었던 곳을 자연친화적으로 변모시켜 습지공원이 됐다고 하니 더 구미가 당긴다. 안도가 아르바이트로 처음 설계했다는 '빛의 교회'도 볼 기회가 오길 바란다.

한국 건축가로는 승효상이 떠오른다. 김해 봉하마을에 있는 고 노무현 대통령 묘역과 기념관을 설계했고, 밀양 명례성지도 건축했다. 회색빛 콘크리트, 좁은 공간을 넓게 느껴지게 하는 동선이 비슷한 특징으로 다가온다.

'항일운동 본산'
법정사는 어디에

5일차

　제주 첫날 항몽유적지로부터 시작해 나흘간 한림공원, 송악산과 섯알오름, 본태박물관 등 제주가 지닌 아름다움과 시린 아픔을 조금씩 맛봤다. 그런데 나흘간 너무 강행군을 한 탓일까? 이날 아침엔 약간 피로하고 귀에서 소리가 나는 이명 현상까지…. 조식 후 조금 쉬기로 했다. 숙소에서 가까운 이비인후과에도 들러 치료를 했다. 다행히 심한 증상은 아니었다.

1100고지에서 만난 고상돈 동상

　점심까지 든든히 먹고 한라산 1100고지 생태탐방로로 나섰다.
　1100고지 주차장 옆엔 제주 출신 산악인 고상돈 기념비와 동상이 서 있었다. 그는 1977년 9월 한국인으로선 최초로 세계 최고봉인 에베레스트산(8848m) 정상에 오르는 대기록을 세운 바 있다.
　길 건너편 습지 탐방로는 675m에 이르는 나무 데크로 이뤄져 있었다. 고지에 조성된 습지를 편히 관찰할 수 있었지만 30여 분만에 끝나 너무 짧은 감이 있었다. 이곳엔 육안으로 언뜻 보기엔 잘 모르지만 희귀 습지식물이 다양하게 분포돼 있는 것은 물론 멸

종위기 야생동물들도 서식하고 있다고 한다. 한라산 고지대 곳곳
에 물이 고여 있고 다양한 동식물이 서식하고 있는 덕에 짧은 코
스지만 눈길은 오래 머물렀다.

승려·주민 항일거점 사찰 오리무중

제주 1100도로에 들어섰다면 들르지 않을 수 없는 곳이 있다.
바로 1919년 3·1운동이 일어나기 5개월 전인 1918년 10월 불교계
를 중심으로 일어난 항일투쟁의 현장 법정사다. 당시 승려와 민간
인 400여 명은 이틀에 걸쳐 중문주재소를 공격하고 불을 질러 전
소시킨 끝에 진압됐다. 이 결과 항일운동의 발상지인 법정사는 일
제에 의해 불태워졌고 현재는 허물어진 돌담 등 일부 건물 흔적만
남아 있다고 한다. 제주도 홈페이지엔 '무오법정사 항일운동 발상
지'란 안내판을 세워둔 현장 사진도 몇 장 곁들여 놓았다. 법정악
능선 해발 680m 지점, 한라산 둘레길 동백길 코스 시작점이기도
한 '서귀포시 1100로 740-168'. 그런데 웬걸, 주변에 차를 세워놓
고 근 한 시간을 헤맸지만 사진에 소개된 현장은 발견하지 못하고
헛걸음만 쳤다.

1100로에서 무오법정사 이정표를 보고 화살표 방향으로 들어가
차를 세워놓고 안쪽으로 들어가 다시 작은 팻말을 따라 작은 계곡
주변까지 내려가 주변을 둘러봤지만 홈페이지에서 봤던 안내판도
돌담도 나타나지 않았다. 두어 번을 오르락내리락하다 다시 큰 길
가로 나와 동백길 안내센터 팻말을 좇아 들어갔다. 거기도 법정사
안내 팻말이 있어 화살표를 따라갔더니 아까 그곳이었다. 시간을
보낸 것도 아깝고, 역사적 현장을 보고 싶은 욕심과 궁금증 등이

무오법정사 안내 표지판

복합적으로 작용해 아내와 둘이서 이리저리 둘러봤지만 헛일이었다. 바람의 섬, 제주에 항일의 바람이 가장 먼저 분 곳, 제주도 최초이자 최대 항일운동의 발상지로 평가되는 법정사 터는 결국 찾지 못했다. 혹시 그 사이 훼손돼 흔적마저 사라진 것인가.

법정사 항일운동은 1919년 조천만세운동과 1931년 해녀항일운동으로 이어졌다.

여고 친구들 추억 가득
법환포구

동상이몽(5)

1985년 2월 마산 J여고를 졸업하고서 20년 되던 2005년, 전국 각지에서 흩어져 살던 우리는 동창회란 이름 아래 처음 모였다. 20년 만에 동창회를 열다 보니 동창회 준비를 책임질 열두 반 반장들 찾기도 쉽지 않았다. 겨우겨우 수소문해서 11개 반 반장들을 찾아내 동창회 준비위원회를 꾸렸지만, 우리 반 반장은 찾을 길이 없었다. 이 친구는 36년이 지난 2021년 지금까지도 소식이 들리지 않는다.

아무튼 반장이 없어서 우리 반 반장대행을 내가 맡게 됐고, 졸업 20주년 동창회도 성황리에 잘 치렀다. 이후 준비위원이었던 친구들을 중심으로 '다모(다 모이자)' 모임이 탄생했다. 30주년 행사를 치르기 위한 명목이었는데, 현재까지 친목 도모 모임으로 이어지고 있다.

2014년 다모 친구들과 제주 여행을 했을 때 머문 곳이 바로 법환포구다. 법환포구는 올레 7코스 마지막 지점에 있다. 2월 말쯤이어서 바람이 때론 찼지만 서둘러 봄을 알리는 유채꽃이 드문드문 피어 환상적이었다. 외돌개에서 법환포구까지 올레 7코스를 다

걷고 북유럽풍 숙소에서 숙박했다. 이 숙소는 블랙앤화이트 인테리어가 멋지고 복층 구조라 친구 여럿이 묵기에 최고였다. 또 조식이 아주 맛있어서 친구 모임 때마다 매번 그곳을 추억하곤 한다.

그 기억 때문인지 난 이 숙소를 또 예약했다. 저녁엔 그곳에서 법환포구 바다를 벗 삼아 수제맥주를 마셨다. 아침엔 계란프라이에 샐러드, 빵으로 유럽식 조식을 즐겼다. 그리고 아침이 화려해질 무렵 법환포구 산책에 나섰다.

그런데 법환포구가 역사적으로 그렇게 아픔이 가득한 곳인지는 이날 처음 알게 됐다. 삼별초, 몽골, 최영 장군과 얽힌 법환포구는 해맑기 그지없었다. 법환포구에서 바다 쪽에 툭 떨어뜨려 놓은 듯한 사각형 범섬에는 최후의 항전을 벌이다 죽은 수많은 몽골인들의 흔적은 온데간데없었다. 강렬한 태양이 범섬과 법환포구를 은빛 물결로 이어주며 오히려 찬란한 황홀경을 선물해줬다.

법환포구 풍경 속엔 현재와 과거가 공존한다. 조금만 다가가면 삼별초 행적, 목호의 난, 최영 장군 기념비 등을 만날 수 있다. 바다와 연결된 옛날 빨래터도 그대로 남아 있다. 해녀 마을을 상징하는 해녀상도 빛난다. 해녀 체험을 할 수 있는 터도 있지만 코로나19로 교육이 끊겼다.

주변을 둘러보곤 SNS 입소문을 탄 초밥집을 찾았다. 줄 서서 기다리지 않아도 될 것 같은 오후 2시 무렵인데도 좌석이 꽉 차 있었다. 마침 막 한 테이블이 비어 운 좋게 기다리진 않았다.

기억이 어슴푸레하지만 초밥을 처음 먹은 건 직장생활을 하면서였던 것 같다. 첫 직장인 마산지역 신문사에 들어가 기자 생활을 하면서 마산의 유명한 초밥집에서 처음 먹어봤다.

법환포구 소나무 사이로 범섬이 보인다.

회를 그다지 좋아라 하지 않아서 초밥을 못 먹어 애태우진 않는다. 그러나 정말 맛있다는 집은 꼭 들러보는 편이다. 여동생이랑 조카랑 셋이 일본 오타와에 여행 갔을 때 강가 유명 회전초밥 맛집에 간 추억이 떠오른다. 법환포구 초밥집은 점심 특선을 시켜도 별미다.

법환포구는 전국 여행 이후에도 여동생과, 후속 현장 취재를 위해 남편과 둘이 두 번 더 갔다. 가장 제주다운 풍경을 넓은 시야로 볼 수 있어서 참 좋다.

총격에 턱 잃은
'무명천 할머니'

법환포구서 다시 만난 '항몽'의 흔적

제주 방문 6일차 아침에 일어나자마자 새삼스레 제주사 공부를
했다.

애초 제주로 나설 때는 그동안 건성으로 관광 위주로 둘러봤지
만 이번에는 4·3 사건을 중심으로 제주 역사 현장을 찬찬히 보겠
다는 생각은 있었다. 그런데 정작 항몽유적지를 둘러본 후 생각이
한층 더 복잡해졌다.

삼별초의 마지막 항전 현장이 제주이고 관련 유적지가 있겠거
니 생각은 했다. 유적지를 둘러보며 고려 정부군과 연합해 삼별초
를 진압한 몽골군이 무려 100년간이나 제주도를 직할령으로 사실
상 통치했다는 부분은 뜻밖이었다. 한국사 공부를 제대로 하지 않
은 밑천이 드러난 기분이었다. 고려 정부가 원나라 멸망 후에도 제
주를 장악한 채 사사건건 고려를 우습게 보는 몽골 세력을 완전히
제주에서 몰아내기 위해 엄청난 규모의 군대를 바다 건너 제주로
보내 한 달간 전쟁을 벌였다는 부분에선 화들짝 놀란 기분이었다.

항몽유적지를 처음 만난 애월을 떠나 산방산과도 이별하고 이

틀간 머문 곳은 한림, 대정을 거쳐 제주공항 반대편인 법환포구. 이곳에서 다시 항몽유적지를 만났다. 아침식사를 마치고 범섬 앞을 지나다 최영 장군의 목호의 난 진압 관련 안내판이 나왔다. 최영 장군이 범섬과 바닷속 '여'를 연결해 목호들을 치는 데 활용했다는 것이다. 범섬은 고려 정부군에 쫓긴 목호들이 최후를 맞은 곳이다.

제주섬 절반을 돌았는데 의외로 자주 등장하는 항몽과 몽골 관련 유적지들. 자연스럽게 생각이 수백 년 전으로 돌아간다. 몽골은 어떻게 제주를 100년이나 지배했고, 제주에 눌러앉은 몽골 목자들은 그동안 제주 사람들과 얼마나 섞였고 토착화됐을까. 고려정부와 최영 장군은 왜 대군을 이끌고 제주를 찾아 주민 희생을 무릅쓰고 엄청난 전쟁을 벌여 목호들을 '섬멸'했을까. 당시 목숨을 잃은 사람 가운데 몽골 군인 출신 순수 목호는 몇이나 되고 이들과 가족을 이룬 사람, 전쟁 와중에 희생된 주민은 각각 얼마나 됐을까. 현대전에서도 군인과 주민이 잘 구분되지 않는데 600여 년 전이야 오죽했으랴.

해군기지 반대 시위는 계속된다

항몽유적지는 일단 접어두고 이젠 또 다른 현장이다. 제주해군기지로 10여 년 갈등을 겪은 강정마을로 향했다. 차를 몰아 기지 정문이 가까워졌다고 여길 즈음, 좁은 도로변에 기지 건설 반대 시위가 격렬할 무렵 사용했던 손팻말들을 비롯해 현수막 등을 고스란히 모아놓은 듯한 장소가 나타났다. 알고 보니 인도변에 천막을 치고, 강정해군기지 반대를 여전히 외치며 농성을 하는 장소였다.

강정해군기지 반대운동 관련 미사를 하는 모습

때마침 기지 반대운동 관련 미사가 진행 중이었다. 참석 인원은 10명이 채 안 됐고 수녀도 포함돼 있었다. 가까이 가서 들어보니 해군기지에 침입했다가 구속된 송강호 씨 석방 등을 요구하는 내용의 발언이 이어지고 있었다. 이날 농성은 '기지 반대 4769일째' 였다. 13년을 넘긴 길고 긴 여정이다.

농성장을 뒤로하고 해군기지 입구에 있는 민관 복지시설인 '김영관 센터'로 들어갔다. 준공된 해군기지 전경이 혹시 보일까 싶어 2층에 올라가 기지 쪽을 바라봤으나 건물 몇 개만 보일 뿐이었다. 오른쪽에 방파제로 보이는 시설이 길쭉하게 늘어서 있었다.

1층 카페에 들어가 차 한 잔 시켜놓고 주인과 대화를 나눴다. 사람이 거의 들지 않아 월세가 걱정이었다. 주말 오전 11시께였는데 손님은 우리 부부뿐이었다. 민관 복합항이라고 하는 크루즈항에는 크루즈가 두 번밖에 안 들어왔고, 승객들을 대상으로 강정 주민들이 특산물을 좀 판매하려고 했지만 거의 도움이 안 됐다고 한다. 그리고 기지 건설을 두고 찬반 논란이 심해 지역사회에선 형제 간에도 등을 돌리는 경우가 있었고 반대편에 섰던 주민인 경우 경조사에 서로 부조도 받지 않는 정도라고 혀를 찼다. 기왕 기지가 들어섰으니 이제 지역경제에라도 도움이 됐으면 하는 바람을 보였다.

김영관 센터 안은 물론 바깥 다른 건물인 사찰과 교회 등으로 이동하는 길가에도 '군사시설 무단촬영 엄금' 경고문이 곳곳에 붙어 있었다. 취재 욕심이 발동해 스마트폰 사진기를 누르고 싶었지만 참았다.

기지를 살짝 벗어나 옆 크루즈 터미널로 갔다. 시설은 거대하게 잘 지어놓았지만 두 차례 크루즈가 들어오는 데 그쳤다는 접안시설이나 터미널은 썰렁했다. 대신 어디로 들어갔는지 낚시꾼들만 줄줄이 늘어서 세월을 낚고 있었다.

돌아 나오다 보니 사용하지도 않은 터미널 천장 구조물에 녹이 슬어 작업자들이 페인트칠을 하고 있었다.

쉬어가는 자동차·피아노 박물관

제주는 다크 투어리즘의 섬인가? 그렇지 않다. 눈부시게 아름다운 바다와 너무 친근하게 다가오는 오름들, 화산지대 곳곳에 보존된 생태의 보고는 물론 구석구석 눈요기와 마음공부를 할 수 있는 박물관, 잘 가꿔진 공원 등 구경거리 천지다.

남은 여정도 계속 무거운 분위기의 역사 현장으로 채우면 미안할 것 같아 중간중간 다른 일정을 끼우자고 아내에게 제안했다. 그래서 이날 이동 동선 중간에 있기도 해 들르기로 한 곳이 자동차와 피아노박물관이었다.

유럽 귀족들의 권위와 부, 지위의 상징처럼 보였던 초창기 자동차에서 대중 교통수단으로 되기까지 승용차와 스포츠카의 변천사가 실물과 함께 고스란히 전시돼 있었다. 금액의 고하를 떠나 수집이 힘든 승용차들을 사 모은 설립자의 정성과 열의에 경탄할 정도였다.

피아노도 마찬가지였다. 로댕이 외관 나무를 조각해 세계에서 한 대뿐이라는 피아노부터 전면 24K 금으로 만든 황금색 피아노까지. 실내악 선율을 즐기는 데서 나아가 악기 가운데서도 고가인 피아노도 재력 과시 수단으로 만들어 즐겼나 보다. 금으로 만든 피아노 건반이 만들어내는 소리는 가난한 피아니스트가 오래된 피아노로 만들어내는 소리보다 고급스러울까.

날아간 턱 천으로 감싸고 50년 모진 세월

이번에는 다시 4·3 현장 가운데서도 쓰리고 아픔을 줬던 곳이다. 차를 돌려 한림면으로 다시 가 기념관으로 꾸며진 '무명천' 진아영 할머니 생전 사용 주택을 찾았다. 출입문이 잠겨 있어 옆집 주민 도움을 받아 겨우 열고 들어간 할머니 댁은 조막만 한 방 2개로 이뤄진 미니 주택이었다.

4·3사태 와중에 어디서 날아왔는지도 모를 총알에 맞아 턱이 날아간 채 50여 년, 짧지 않은 세월을 너무 힘들게 살다 떠나신 할머니의 체취가 그대로 남아 있었다. 무명으로 된 천으로 허전한 턱을 감싼 모습이 할머니 생전 상징처럼 됐다. 그래서 별명도 그렇게 붙여졌다.

무명천 할머니 집

    방 안에는 할머니 영정 사진과 함께 무명천을 동여맨 걸개그림
이 있었다. 거기엔 '무명천 할머니는 제주 4·3사건 당시인 1949년
1월 12일 한경면 판포리에서 토벌대의 총격으로 아랫턱을 잃었다.
그 후 정상적으로 말을 하거나 먹지 못한 채 소화불량 및 관절염
등 후유장애를 앓다가 2004년 9월 8일 91세로 생을 마감하였다'
고 소개돼 있었다.

    방에 들어서자 할머니 영정 앞에 넙죽 절부터 했다. '이승은 너
무 고단하고 힘드셨지만, 저승에선 평화롭고 아름다운 곳에서 건
강하신 몸으로 친구들과 얼굴 맞대고 맛있는 것도 마음껏 드시라'
고 기원드렸다.

    할머니는 자신의 상처를 다른 누구에게도 보여주기 싫었을 게
다. 할머니는 그래서 절대 음식을 같이 먹는 법이 없었고, 항상 혼
자 드셨다고 한다. 아랫턱이 없다 보니 씹는 게 부실할 수밖에 없
었고, 소화불량은 항상 따라다녔다. 영양실조도 당연한 순서여서
병원에서 링거 주사를 맞기도 했다. 행여 반가운 손님이라도 만나
면 할머니는 혼잣말처럼 말을 하긴 했다. 그러나 제대로 알아듣는

사람은 거의 없었다고 한다.

그 수십 년 세월 속에 담아 둔 많고 많은 이야기들을 얼마나 하고 싶고, 갖가지 맛있는 음식도 얼마나 먹고 싶었을까.

"죽은 이 눈 감고 산 자는 손 잡고" 화해·상생 택했다

해가 가장 긴 유월이라 어두워지기 전 한 곳을 더 보기로 했다. 애월읍 하귀1리에 있는 4·3추모공원 영모원. 이곳은 항일운동가와 4·3희생자, 한국전쟁에서 희생된 호국영령들을 모두 추모하기 위해 하귀리 주민들이 2003년 5월 조성한 곳이라고 제주도 홈페이지에 적혀 있다. 특히 영모원은 4·3 당시 무장대에 희생된 군경과 토벌대에 희생된 주민들을 한 곳에 모셔 추모함으로써 화해와 상생의 대표적 장소로 자리매김했다고도 소개됐다.

이 같은 상징성이 고려돼선지 문재인 대통령이 2020년 4월 제72주년 4·3 추념식에 참석했다가 영모원을 참배하기도 했다. 영모원 위령비 뒷면에 새겨진 '죽은 이는 부디 눈을 감고, 산 자들은 서로 손을 잡으라'는 문구가 찾는 이들의 마음을 다잡는다.

제주 영모원

◆ '화해와 상생'으로 가는 제주 4·3

무장대와 산사람, 군·경과 서북청년회 간 '작은 전쟁' 4·3이 끝난 지 70여 년.

도저히 같은 하늘을 이고 살 수 없을 것 같은 대립과 비극의 현장 제주에서 세월이 지나면서 기적처럼 '화해'가 거론되고 '상생'이 자리를 잡아가고 있다. 이젠 그 당사자들이라기보다 유족이며 이해관계자들이다.

정치권에서야 작은 이권, 소규모 선거전이 걸려 있어도 그랬고 평소에도 마치 그래야 하는 것처럼 진영으로 나눠 거친 언어로 매일처럼 전쟁을 벌이고 있다. 그런데도 정작 부모와 친척의 생사를 놓고 불구대천지 원수처럼 외면하던 사람들이 한자리에서 화해하고 상생을 모색하고 있는 것이다.

제주4·3평화재단에 따르면 제주4·3희생자유족회와 제주도재향경우회가 2021년 8월 2일 '화해와 상생' 선언 8주년을 기념, 제주시 신산공원과 제주4·3평화공원에서 합동 참배 행사를 열었다. 행사에는 제주도 행정부지사, 제주도의회 의장, 제주도교육감 등도 참석했다. 이날은 특히 제주경찰청장, 해병대 제9여단장, 해군 제7기동전단장 등 군·경 현직 수뇌부가 처음으로 참석해 화해와 상생의 의미를 더했다.

4·3희생자유족회장은 제주4·3특별법 전부 개정 등 진전을 축하하고 제주지역 전체 군·경 지도부가 처음으로 합동 참배한 점

등을 평가했다. 제주도재향경우회 회장은 제주도민 모두가 4·3의 피해자라는 공감대가 있었기 때문에 합동 참배가 가능했다는 점을 강조하고 4·3의 의미를 이념의 잣대로 판단하는 행위는 하지 말아야 한다고 말했다.

유족회와 경우회는 2013년 8월 2일 '화해와 상생'을 선언하고 매년 이날 제주4·3희생자들의 넋을 기리는 합동 참배를 진행하고 있다.

이에 앞서 제73주년 제주4·3희생자추념식 추도사에서 문재인 대통령은 "4·3에는 두 개의 역사가 흐르고 있다. 국가폭력으로 국민의 생명과 인권을 유린한 우리 현대사 최대의 비극이 담긴 역사이며, 평화와 인권을 향한 회복과 상생의 역사"라고 지적했다.

대통령은 이어 "완전한 독립을 꿈꾸며 분단을 반대했다는 이유로, 당시 국가 권력은 제주도민에게 '빨갱이', '폭동', '반란'의 이름을 뒤집어씌워 무자비하게 탄압하고 죽음으로 몰고 갔다"며 "'피해자'를 '가해자'로 둔갑시켰고, 군부 독재정권은 탄압과 연좌제를 동원해 피해자들이 목소리조차 낼 수 없게 했다"고 덧붙였다.

문 대통령은 이날 4·3특별법 개정으로 1948년과 1949년 당시 군법회의로 수형인이 되었던 2530명이 일괄 재심으로 명예를 회복할 길이 열렸다는 점을 상기시키고 이미 2019년과 2020년, 두 차례 재심으로 생존 군법회의 수형인 25명이 무죄선고를 받고 70년 세월 덧씌워진 굴레를 벗었고, 2021년 3월 16일에는 행방불명 수형인 333명과, 일반재판 생존 수형인 2명이 재심 재판에서 무죄 판결을 받았다고 소개했다.

뜻하지 않은 만남,
자동차 & 피아노 박물관

동상이몽(6)

진아영. 몸에 새겨진 제주 4·3 사건 역사의 흔적을 간직한 채 고통 속에 살다가 91세에 소천한 무명천 할머니.

할머니를 만나러 가자니 마음이 무거워졌다. '무명천 진아영할머니 삶터보존회'가 할머니가 살던 집을 그대로 보존하고 있다고 해서 차를 몰았다. 제주에서 흔히 볼 수 있는 검은색 돌로 쌓은 담장 골목길을 따라가니 무명천 할머니 집에 다다랐다.

집 문은 은회색 자물쇠로 채워져 있었다. 일부러 여기까지 찾아왔는데 못 보고 가는 건가. 바로 옆집 할머니에게 여쭸더니 열쇠 있는 곳을 알려주신다. 문을 열고 문지방을 넘지 않은 채로 집으로 고개만 집어넣어 왼쪽 방과 오른쪽 부엌을 휙 둘러본다. 마치 아직도 할머니가 살아계신 듯 부엌에 작은 솥과 그릇, 채반 같은 주방도구들이 나름 정리돼 있었다.

문턱을 넘어 부엌에 걸린, 총이 턱을 관통해 평생 무명천으로 턱과 얼굴과 머리를 꽉 조여 감싸고 살았던 무명천 할머니 사진을 자세히 봤다. 할머니 표정은 슬펐다. 총 맞은 후 턱 자리가 너무 아파 평생 음식을 못 씹고 못 삼켜서 빨대로 미음 같은 액체만 먹을 수 있었다고 하니, 어찌 이런 삶이 있을 수가 있나 싶었다.

할머니 자체가 한국 현대사다. 할머니가 살던 집을 그대로 보존하고 있으니 4·3 사건 흔적과 현장이 실감이 났다. 왼쪽 방엔 할머니가 생전 인터뷰했던 모습과 목소리, 주변 사람들 얘기가 흘러나오는 동영상이 고요히 흘렀다. 동영상은 잠시만 보다가 갈 생각이었지만, 할머니 삶이 하도 기막혀 끝까지 봤다. 할머니가 기거했던 방바닥에 앉아 쓰러져가는 벽에 기대고 쓰라린 역사를 마주하려하니 한숨만 커질 뿐 아무런 말도 나오지 않았다. 그렇게 멍하니 1시간이 흘렀다.

할머니 집 문을 잠그고 열쇠를 있던 자리에 다시 두고서 골목길을 나오니 무명천 할머니하곤 전혀 무관한 또 다른 풍광이 펼쳐졌다. 바로 앞이 경치가 멋진 월령포구였고, 포구 해안선 데크로 걸어가면 제주 명소인 선인장 자생군락지가 있기 때문이다. 방금 전 쓰라린 감정을 추스를 겨를도 없이 빼어난 풍광에 업그레이드되는 감정을 이어가려니 힘겹다는 생각이 절로 들었다.

6월 6일, 아직 하지도 지나지 않았는데 날씨가 5월과는 딴판이다. 무슨 6월 초가 8월만큼 덥단 말인가.

직장에서 한 달 휴가를 낸다는 건 여간 쉽지 않은 일이다. 그래서 이번 여행은 마음 가는 대로 쉬엄쉬엄 구경하자 해놓고선 가보지 않은 고동색 이정표만 보이면 호기심 충만해 가슴이 설렌다. 개인이 소장한 자동차 & 피아노 박물관도 지나다가 우연히 만난 그런 장소였다. 물론 오후 2시로 향하는 한낮 햇살을 피하기 위한 피서 관광지 역할이 컸다.

그러나 웬걸! 피아노 박물관에 들어가자마자 탄성을 지르고 말

피아노박물관의 황금색 피아노와 세계자동차박물관에 전시된 시발택시. 1955년 제조.

았다. 우선은 에어컨 바람이 너무 시원해서였지만, 1층엔 세계자동차 모형과 역사 자료가 가득하고, 2층은 일반인들이 쉽게 볼 수 없는 희귀한 피아노들이 즐비했다. 2008년 자동차박물관으로 개관했고, 2019년 7월부터는 피아노박물관도 개관했다고 한다.

난 세계 자동차들보다 피아노에 더 환호했다. 황금색 그랜드피아노 앞에선 눈과 발이 멈췄다. 24k 순금과 고품질 로즈우드로 만들어진 이 그랜드피아노는 웅장하면서도 화려했다. 피아노를 치면 음색은 어떨까, 어떤 연주를 하면 가장 잘 어울릴까. 5분쯤 멍하니 피아노를 구경했다. 개인이 소장한 피아노와 자동차 종류가 어마어마해서 입이 다물어지지 않았다. 코로나19로 국외여행을 하지 못해 안타까워하는 사람들에게 유럽풍을 선사하는 맛도 있었다.

어느 도시든 어떤 종류든 박물관은 많으면 많을수록 좋다는 문화예술 전문가들의 조언이 허튼 말이 아니라는 걸 더욱 깨닫게 됐다.

토벌대에 쫓기다 눈사람 된
'새댁과 두살배기'

7일차

오전엔 해변을 찾아 쉬고 오후에 4·3평화공원을 찾았다. 그런데 코로나 영향으로 평화기념관은 18일까지 휴관이었다. 아쉽지만 온 김에 공원 주변을 둘러보기로 했다. 기념관 앞뒤에 조성된 시설이나 조형물들도 의미 있는 게 많아서 오히려 좋은 기회였다. (우린 당시 못 둘러본 몇 곳에 대한 아쉬움 등으로 4개월여 뒤 다시 제주도를 찾아 기념관 내부를 둘러보았다.)

기념관 입구 정원엔 지금도 총알이 박혀 있는 망주석이 전시돼 있었다. 4·3 당시 토벌대가 무장대로 오인해 사격한 흔적이라고 설명이 돼 있었다. 제주시 아라동 김두연 씨 5대조 묘에 세워졌던 것을 기증받아 옮긴 것이다.

그 옆엔 통일 전 동독과 서독 사이를 강고하게 갈라놓았던 베를린 장벽 일부를 가져와 세워놓았다. 남한 단독정부 수립과 분단을 반대하고 통일을 염원했던 당시 제주인들의 꿈을 대변하는 듯했다.

기념관 건물 뒤로 돌아가니 예쁜 연꽃이 핀 연못 뒤로 4·3의 비극을 극복하고 미래로 나아가자는 의미를 담은 조형물이 세워져

4·3 비극을 극복하고 미래로 나아가자는 의미를 담은 조형물

있었다.

　뒤쪽으로 가니 4·3 희생자로 결정된 1만 4256명 성명과 성별, 당시 나이 등을 적어 2009년 4월 3일에 세운 '4·3희생자 각명비'가 있었다. 희생자가 너무 많았다. 이마저도 신원이 확인된 경우에 한한 것이고, 4·3 희생자 전체 규모는 3만 명에 이를 것으로 추정된다.

　신원 확인자들 이름을 새긴 각명비가 차지하는 공간만도 넓고 거대했다. 이들 이름을 한 번씩 부르는 데만 한 시간이 족히 더 필요할 듯했다. 중간엔 '귀천'이란 제목과 함께 다섯 벌 수의를 표현한 조형물이 서 있었다.

　당시 까닭 없이 억울하게, 장례도 못 치르고 사망한 영혼들을 달래기 위해 성인 남녀, 남녀 어린이, 그리고 세상에 태어나지도 못하고 죽은 태아가 각각 저승길에 입을 옷이었다.

4·3 희생자 각명비

　이곳에 이름을 새긴 그 누군들 억울하지 않은 죽음이 있겠냐마는 영문도 모르고 어른들을 따라 나섰다가 저승길에 동행한 어린이들에다, 엄마 뱃속에서, 비극적인 곳이든 말든 이놈의 세상 어떻게 생겼는지 한 번 보지도 못하고 죽어간 태아들까지….

　조금 더 뒤로 올라가니 발굴유해 405구 가운데 381구를 모셔놓은 봉안관이 나왔다. 그리고 맨 뒤쪽으로는 4·3 희생자 가운데 끝내 시신을 수습하지 못한 희생자들을 위한 행불인 표석 3953기가 자리하고 있었다.

　이들이 형무소에 있을 때 연인의 안부를 묻고, 집에서 기르던 가축을 걱정하는 글을 가족들에게 보낸 흔적들이 돌에 새겨져 있었다. 소와 말이 걱정돼 매형에게 관리를 부탁하던 그 목소리의 주인공들은 어디로 갔을까. 경찰이나 서북청년단 등에 의해 살해·암매장됐거나 흔적도 없이 태워졌거나, 아니면 수장됐을 것이다.

토벌대에 쫓기다 눈사람 된 '새댁과 두살배기'

뒤쪽 시설을 둘러보고 아래로 내려오다 야트막하게 둥근 돌담을 쌓아놓은 곳이 눈에 들어와 다가갔다. 돌담 앞 안내문을 읽고는 발이 땅에 붙은 듯 움직일 수가 없었다, 어찌 이런 비극까지.

눈앞에 드러난 '변병생 모녀상'. 조형물 제목은 '비설(飛雪)'이었다. 초토화 작전이 벌어진 1949년 1월 6일, 한겨울이었다. 당시 25세 새댁이었던 변 씨가 두살배기 딸과 함께 거친오름 북동쪽 지역에서 토벌대를 피해 몸을 숨기다 총에 맞아 눈 속에서 그대로 아기와 함께 숨져간 것이다. 눈이 내린 겨울 날씨에 혼자 몸을 피하기도 쉽지 않은데 아기를 안고 급히 피하려니 발밑은 미끄럽고, 영문을 모르는 아기는 눈치도 없이 울며 보채기도 했으리라. 총을 맞은 젊은 어미는 더 이상 도망가지도 못한 채 눈 속에 엉거주춤 주저앉아 숨이 넘어가면서도 아기만은 얼지 않도록 점차 식어가는 체온이나마 아기한테 온전히 넘겨주려 했으리라. 그렇게 애를 쓰며 꼬옥 끌어안았지만 결국 아기와 함께 눈사람이 되고 말았던 것이다.

비극의 주인공 모녀는 사망 즉시 발견되지 않고 있다가 후일 행인에 의해 눈더미 속에서 발견됐다고 한다. 눈 속에서 두살배기 아이를 품에 안은 20대 어미는 자신은 비록 죽더라도 아이만은 살려야겠다 생각했겠지만 비운은 모녀를 모두 비켜가지 못했다.

가슴이 먹먹해왔다. 마치 지금 내 눈 앞에서 숨길이 멀어져 가고 있는 듯, 웅크린 모녀상을 한참을 바라보고 서 있었다. 눈가가 뜨거워지며 속에서는 뭔가 모를 것이 솟구쳤다. 가만히 원형 돌담을

변병생 모녀상 '비설'

두 바퀴 따라 돌아 조각상에 가까이 가보았다. 차마 바로 쳐다볼
수도 없었다.

　돌아 들어가는 돌담 중간에는 제주에서 어머니와 할머니들이
아기들을 재울 때 들려주던 자장가 노랫말이 새겨져 있었다. 엄마
품 속에서 몸서리치게 찬 기운을 느끼며 서서히 자신의 몸도 식어
갔을 두 살배기 아기도 이 자장가 소리를 들었을까.

　아 인간은 얼마나 더 잔인할 수 있는가. 이 모녀를 눈 속에서 얼
려 죽이면서 건설하려던 세상은 어떤 세상이었던가.

함덕 서우봉 바람의 뜨거운 맛

동상이몽(7)

    제주에 들를 때마다 서우봉 해변을 서너 번 가본 것 같다. 이런 바다 위에 어떻게 카페 허가가 났지? 늘 의문을 품으면서도, 카운터에서 주문을 기다리는 사람이 줄을 잇는데도 바다 코 앞에서 커피 한 잔 마시는 운치를 즐길 요량으로 바다 위에 둥실 떠 있는 듯한 카페로 발걸음을 옮겼다.

    바람이 몹시 심하게 불었다. 평소 직장 다닐 땐 즐겨 입지도 않는 원피스를 휴가랍시고 선택했다. 여름에 치마를 입으니 참 시원하고 좋다는 생각을 계속 하면서. 사람이 엄청나게 많았다. 코로나 시국 맞나?

    딴 곳으로 이동하기도 애매했다. 이전에 4·3평화공원을 너무 살살이 보느라 2시간 이상 걸었기에 다리가 아팠던지라 마땅한 자리 찾기에 돌입했다. 바람이 거세 원피스가 휘딱 뒤집어질 것 같은 위험을 느끼는 찰나에 카페 바깥 바다 앞자리가 하나 났다. 얼른 소지품을 얹어 찜하고 앉았는데, 이놈의 바람이 오늘은 가당찮을 정도로 온몸을 휘감았다. 탁자도 잡고, 치마도 추스르고 하던 중에 남편이 커피 두 잔을 탁자에 내려놓았다. 그 순간, 세찬 바람이 커

피가 담긴 종이컵을 강타하더니 컵이 순식간에 원피스 치마로 순간이동했다. 앗 뜨거, 오 마이 갓!

뜨거운 커피가 치맛자락을 옴팡 적시고선 맨살 다리로 흘러내려 덧버선과 흰색 운동화로까지 스며들었다. 크로스백에 들어 있던 물휴지로 맨살을 먼저 닦고 치마도 대충 닦았다. 그 모습을 지켜보는 타인의 시선이 더 창피해 고개도 들지 못한 채. 다행인 것은 치마 색깔이 커피색과 비슷해 커피 한 잔이 다 쏟아졌는데도 그다지 표가 나지 않았다. 멘붕인 것은 맨살에 뜨거운 커피가 바로 닿아서인지 오른쪽 다리가 불그레하면서 따가웠다. 어렵게 잡은 카페 자리를 10분도 못 앉아보고 물려야 했다. 함덕해수욕장 주변 약국에서 화상약과 밴드를 사서 차에서 발랐다.

여행할 때 즐겁고 행복하려면 다치지 않고 아프지 말아야 한다.

화상약을 바르니 바로 괜찮았지만, 괜스레 기분이 우울하고 다운
됐다. 물론 김녕세시기 해변에 도착해선 바로 잊어버릴 기분이었
지만. 그동안 아름답기만 했던 서우봉을 이젠 덜 갈지도 모른다는
느낌도 들었다.

　제주공항 근처 숙소에 짐을 풀고 저녁거리를 찾아 숙소 뒷골목
을 배회했다. 낮에 벌어진 소동도 안주 삼을 겸 둘 다 밥집보다는
술집이 필요한 듯했다. '쉼터 7080'이란 제목이 신선하진 않았는
데, 골목을 두 세 바퀴 돌다 인동초 막걸리와 녹두전이 눈에 꽂히
면서 입맛을 당겼다. 막걸리를 시켰더니 마침맞게 익은 깍두기와
멸치, 땅콩조림을 계속해서 리필해주는 사장의 친절함이 술을 더
당기게 했다. 서너 차례 이어진 리필이 미안해서 녹두전과 계란말
이 같은 안주들을 더 시켰다. 안주가 불어날수록 막걸리 항아리도

아버지와 창원 저도 연륙교 쪽 나들이 갔던 어느 봄날

두 차례 오갔고, 우리는 불콰해졌다. 그 즈음 눈에서 가슴으로 다가오는 막걸리집 시는 또 왜 그리 보름달 밤을 기막히게 만드는 것인지.

진분홍 벚꽃 잎이 흩날리던 2013년 4월 초, 아버지와 진해 장복산 왕벚꽃나무 아래서 막걸리를 걸치던 광경이 제주시 후미진 막걸리집 술잔에 펼쳐졌다. 날리던 벚꽃 잎이 아버지와 내 막걸리잔에 하나씩 띄워져 낭만 충만했던 그날이. 연이어 아버지가 떠나시던 마지막 모습까지 오버랩됐다. 떠나시기 며칠 전인 5월 5일 어린이날, 아버지는 퀭한 얼굴로 날 보시며 "좀 더 있다 가면 안 되겠냐? 나 오래 못 갈 것 같다"라고 하셨다. 짠한 모습을 뒤로하고 집에 왔는데, 그날 밤 자정 무렵 병원에서 전화가 왔다. 구급차 타고 큰 병원으로 가셔야 한다고. 큰 병원에 도착한 지 얼마 되지 않아 폐가 약한 아버지는 인공호흡기를 달았고, 더 이상 목소리를 들을 수 없게 됐다. 지금도 마지막 말씀을 하실 때 꽈악 안아드리지 못한 게 후회스럽다. 제주 7일째, 그리고 제주에서 마지막 밤은 가슴속 깊이 들여놨던 감정을 들춰내 슬픔으로 번지게 만들었다.

4·3에서 살아남은
자들의 감옥

8일차

가족 잃고 집 잃은 주민들
억지 감옥 짓고 모진 생 이어가

제대로 둘러본 것 같지 않은데 계획했던 제주 일정 마지막 날이다. 제주공항에서 오른쪽으로 돌아 한 바퀴 거의 돌았다. 공항 근처 조천읍 선흘리 낙선동이 이번 역사 유적지 코스론 마지막이다.

이곳은 4·3의 흔적 가운데 살아남은 자들의 집단 거주지로 불린다. 1948년 11월 20일 토벌대의 초토화 작전으로 선흘리 일대가 불타고 살아남은 노약자와 여성들이 동원돼 쌓은 작고 슬픈 성이다. 말이 성이지 가로 150m, 세로 100m 터에 높이 3m, 폭 1m 정도 돌담을 쌓아 만들었다. 토벌 과정에서 살아남은 주민들을 보호한다는 명목을 댔지만 실은 그들을 가둔 곳이기도 했다. 주민들과 무장대 간 연계를 차단하고 그들을 효율적으로 감시 통제하기 위한 '전략촌'이었던 것이다.

성곽 안에는 지서와 학교, 마방, 함바촌 등이 있고 성 네 귀퉁이에는 외부 침입자를 감시할 초소가 있었다. 중간엔 주민들이 사용하던 '통시(화장실)'가 당시 모습 그대로 재현돼 있었다.

초토화 작전에서 살아남은 주민들 주거시설 중 통시(화장실) 모습

바깥엔 담을 따라 삥 둘러가며 폭과 깊이 각 2m 정도인 해자를 조성했다. 조선은 물론 일본 성곽 주변에서도 발견되는 해자는 외적이 성곽에 접근하는 것을 막기 위한 1차 방해물이자 함정이기도 하다. 수로를 성곽 주변에 파 물을 흘려보내기도 한다. 낙선동 성곽 주변 해자엔 가시덤불을 놓았다. 토벌대 주도로 작업을 시켰으니 외적은 무장대였을 것이고, 이들이 주민에게 접근하는 것을 저지하기 위한 장치였을 것이다.

성곽은 물론이고 해자, 함바촌까지 모든 성 관련 시설을 조성하는 데는 살아남은 노약자와 여성들이 동원됐고 이들은 하루 한 끼도 제대로 먹기 힘들었다고 한다. 그런 상황에서 자신들을 무장대와 격리시키면서 외부와 단절시키는 성을 조성하면서 겪은 고통은 말로 다 할 수 없었을 것이다.

이 안에서 몇 명이나 살았을까? 기록엔 제대로 나타나지 않는다. 죽지 못해 목숨을 이어갔을 주민들 모습은 감히 상상이 되지 않는다. 이제 성은 주인도 없고 관리자도 없었다. 코로나로 인적마저 뚝 끊어져 황량하기까지 했다. 차마 주거시설이라고 말하기보단 개방형 교도소라고 하는 게 낫겠단 생각이 들었다.

1949년 4월에 시설이 완성되고 함바집에서 모여 살던 주민들은 자신들이 쌓은 성을 출입하면서 통행증을 제시해야 했다고 한다. 각 가정의 지아비와 장성한 아들들은 모두 학살되거나 산속으로 들어갔고, 남은 가족들만 숨을 죽이고 모진 목숨을 이어간 셈이다.

이들의 통행 제한이 풀린 것은 1956년으로 한국전쟁 휴전이 되고도 3년이 지나서였다. 일부 주민들은 살던 집은 불에 타 흔적도 없지만 고향 마을로 돌아가 다시 거처를 마련했고, 그나마 엄두를 못 낸 사람들은 그대로 남았다. 현재 낙선동이 이들이 머무는 곳이다.

동백습지를
100m 앞에다 두고

동상이몽(8)

낮 기온이 30도라고 예보됐다. 동백습지가 조천에 있는 줄 알아 채지 못했다. 다크투어리즘으로 기록될 제주 8일 여행의 화룡점정 인 낙선동 4·3유적지에 거의 다다를 쯤까진.

오후 4시 40분에 김해행 비행기를 타려고 짐을 싸서 오전 11시 체크아웃을 한 다음 한 군데쯤 더 보자고 선택한 곳이었다. 내비 를 찍고 목적지를 향해 가다 보니 이정표에 동백습지가 보이는 게 아닌가. 어? 동백습지네!

제주 동백습지는 국내서 람사르습지도시 인증을 받은 4곳 중 1 곳이다. 2018년 아랍에미리트 두바이에서 열린 제13차 람사르협 약 당사국총회에서 창녕 우포늪과 함께 제주 동백습지, 순천만 습 지, 강원 인제군 대암산 용늪이 지속 가능한 생태보존지역으로서 람사르습지로 인정을 받았다. 기회가 되면 원시림 가득한 동백습 지를 꼭 가보려 했는데, 화룡점정 목적지 때문에 뒤돌아설 수밖에 없었다. 동백습지를 바로 몇 미터 앞에다 두고. 제주에서 하루만 더 머물 수 있다면 가볼 텐데 아쉬움이 스쳤다. 집에 어머니만 기 다리지 않으면 비행기 표를 다음 날 것으로 바꾸면 되는데, 하는

마음이 샘솟았지만 다음 기회로 미루기로 했다.

그 대신 둘러본 낙선동 4·3유적지에서 '햇볕 알러지'라는 나로선 예기치 못한 질병을 갖게 되고 만다. 그 이후로 여름철 내 패션은 긴 팔 소매에 목에는 마와 면 스카프를 둘러야 하는 운명을 맞게 됐다.

그리고 미뤘던 기회는 우연찮게 찾아왔다. 2021년 1월 말 제주 트레킹을 가게 되면서 겨울 눈이 쌓인 동백습지를 제대로 만끽했다. 우포늪보다는 소담스럽고, 순천만 습지보다는 아기자기하고 비밀스러운 원시림이었다. 연둣빛이 가득한 4·5월이나 단풍이 울창할 때 한 번 더 가보고 싶은 곳이다.

2부

여순·광주 아픔과
평택기지 지나 서울 입성

순천만 청갈대밭 보며
육지 여행 출발

9일차

노모 생필품 점검하고 다시 나서다

아침 6시 눈을 뜨자마자 육지 첫 여행지인 '여순'에 대한 자료를 들여다봤다. 이번 여행에선 여수는 들르지 않고 통과하기로 했으니 정확히는 순천이다. 여순 사건의 평가, 현재 모습 등을 최대한 담아보려 하겠지만 여전히 사건을 놓고 적대적 글들이 많고, 평가역시 보는 입장에 따라 엄청난 차이를 보이고 있다. 군경 가족과우익의 피해 중심으로 본 측면에서는 정규 군인들의 '반란'으로 정의를 내리는 반면 봉기군이나 좌익, 주민 피해를 강조하는 측에서는 '항쟁'으로 보는 것이다.

다시 짐을 꾸려 20여 일 일정으로 집을 떠나려니 준비도 만만찮았다. 우선 혼자 계시는 노모가 3주간 생활하시기에 불편이 없도록 장을 봤다. 모친이 슈퍼에서 사시기 힘든 무거운 식품류는 제주 출발 전에 웬만큼 사뒀는데 다시 점검했다. 무, 국수, 요구르트, 위장에 좋은 음료수, 어머니가 좋아하시는 막걸리, 야채 등을 준비했다. 제주 출발 때는 어머니가 좋아하시는 다양한 종류의 생선과육류, 과일, 국물김치, 쌀 등을 샀다. 어머니는 '웬만한 것은 내가 사면 되지 뭘 이리 많이 샀냐'고 하시지만 냉장고가 가득한 걸 보시면 저으기 든든해 하시리라.

그래도 노모를 집에 남겨두고 떠나는 발걸음은 항상 편하지 않다. 미리 한 달짜리 여행 계획은 말씀드렸지만 제주에서 여드레 있다가 귀가한 아들 부부가 다음 날 바로 짐을 싸서 또 장기 여행을 떠나니 혼자 계실 일이 힘들겠단 생각을 하셨으리라.

혹시 볕이 많이 드는 어머니 방이 더울까 봐 신경이 쓰여, 우리 부부방 에어컨 작동법을 가르쳐 드리고 더울 때 사용하시라고 권했다. 어머니 방은 확장을 해서인지 베란다가 없다. 그래서 실외기를 설치하지 못하면 에어컨 설치가 불가능하다고 해 맘이 아팠다. 오후 2~3시께면 태양이 지나가면서 블라인드를 내려도 더운 편이다.

이것저것 챙기고 오후에 집을 나서며 현관문을 열고 나오는데 어머니와 눈길이 마주쳤다. 손을 흔들어주시곤 엘리베이터까지 따라 나오셨다. 먼저 엘리베이터에 탄 아내가 안 보는 사이, 어머니는 '잘 지내시라'며 내민 아들 손등에 입을 맞추셨다. 언제부턴가 자식과 손자들과 전화 통화 때도 꼭 "사랑해"로 마무리하시는 어머니가 여행을 떠나는 자식한테 하는 인사다. "혼자 계시더라도 식사 소홀히 마시고, 더위 잘 이기시고, 무슨 일 있으면 바로 전화하세요."

순천만에 펼쳐진 국가정원과 갈대밭

제주에서 뭍에 상륙해 도착한 첫 여행지는 순천.

드넓은 갈대밭이 언제 찾아와도 장관인 순천만. 갈대는 원래 늦가을 갈색을 띨 때가 제격이라 하지만 청색일 때도 좋다. 갈대밭

순천만 생태공원 청갈대밭

관리 차원에서 그런 듯, 먼저 난 갈대를 베어낸 자리에 새 순이 파
아랗게 난 장관을 올해 혼자 갔을 때 본 적이 있다.

옛적 '보릿고개'를 연상시켰던 청보리밭이 식량작물로서보다
관광지로 각광을 받는 시대. 녹색 보릿대가 끝없이 펼쳐진 보리밭
도 볼 만하지만 갯벌에서 하늘을 향해 하늘거리는 녹색 갈대바다
는 또 다른 장관이었다. 순천만 갈대밭은 녹색이든 갈색이든 마주
하는 순간, 그동안 몸 속에 고여 있던 모든 찌꺼기를 날려버릴 것
같은 장엄한 카타르시스를 선사한다. 바다와 풀밭을 온 가슴으로

안았다가 다시 어깨동무하듯 함께 거니는 그 느낌은 순천만 갈대밭에서만 온전히 가질 수 있다. 쾌감이다. 쉼 없이 '압축 성장'을 향해 행진해온 대한민국 곳곳, 특히 남해와 서해 연안엔 매립과 오염을 비켜가지 못한 곳이 적지 않다. 그래서 순천만은 복받은 곳이란 생각마저 든다. 언제까지고 반드시 보전하고 보존해야 할 갈대밭과 갯벌.

순천만엔 몇 번 왔지만 국가정원, 생태공원은 언제 걸어도 좋다. 국가정원은 두 번째 왔지만 그래도 좋다. 동천 강물 옆에 넓직하게 터를 잡아 큰 나무와 꽃, 풀 등을 심어 세계 각국 정원을 옮겨놓았다. 입구에 들어서 마주치는 인공호수와 나선형 잔디 계단으로 이뤄진 동산을 바라보며 걷노라면 저절로 마음에 평온을 얻는다. 영국 미국 일본 중국 네덜란드 터키 등 국가들의 특징을 잘 드러내는 작은 정원들을 둘러보며 아기자기한 맛을 본다. 원래 어떤 장소였길래 이렇게 큰 나무들과 강, 언덕, 길 등이 자연스럽고도 조화롭게 세계정원을 만들어냈을까 궁금할 정도다.

세계 정원 관련 뉴스를 검색해 보니 '국가정원 2호'를 유치하기 위해 전국 10여 곳 지자체들이 경쟁을 벌이고 있다고 한다. 순천의 제1호 국가정원은 성공적이란 평가를 받았나 보다. 순천만 생태공원과 함께 묶어 유료 입장시키는 순천시로선 지역을 알리는 일등공신으로 여기는 듯하다.

다시 찾은 순천만생태공원엔 청보리밭보다 푸른 청갈대밭이 장관이었다. 해가 질 무렵이나 돼 늦게 도착한지라 마음이 급해 30여 분을 돌아보는 것으로 만족해야 했지만 사진 찍고 갈대밭을 구경하는 덴 모자람이 없었다. 무한정 펼쳐진 녹색 갈대와 그를 둘러싼 갈색 갈대, 그리고 펄밭. 어디에 이만한 가치를 보존한 갈대밭이 있으랴 싶다. 이윽고 해가 갓 넘어간 서쪽 산 위는 붉고 뜨거운 기운이 가득했다. 황금색 노을은 태양이 비운 자리를 넓게 채우며 오래도록 산 위에서 빛났다.

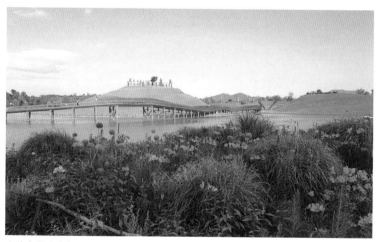

순천만 국가정원

◆ 전남의 보배 순천만국가정원과 순천만

순천만국가정원은 2013년 순천만국제정원박람회(SUNCHEON BAY GARDEN EXPO 2013)를 준비하면서 조성됐다. 순천시 풍덕동·오천동 일원 92만 7000㎡에 국제정원박람회에 참가한 23개국 정원 57곳이 들어섰다. 박람회는 산림청과 전라남도, 순천시 주최로 2013년 4월 20일부터 10월 20일까지 6개월간 열렸다. 행사는 국제원예생산자협회(AIPH)와 정부 승인을 받았다.

한 차례 국제정원박람회를 성공적으로 개최한 순천시와 산림청 등은 2023년에도 4월 22일부터 6개월간 순천만국가정원과 연향뜰, 도심 일원 등에서 순천만국제정원박람회를 연다.

2020년 12월 18일 오후엔 순천만국가정원에서 '2020 대한민국 정원산업박람회'가 개막되기도 했다. 국가정원 서원 일원에서는 2020년 2월 14일까지 야간경관 조명을 밝혀 방문객들이 '별빛 산책'을 할 수 있다.

순천만은 길게 뻗은 고흥반도와 여수반도로 에워싸인 큰 만이다. 행정구역상 전남 순천시와 고흥군, 여수시로 둘러싸였다. 순천만 해수역만 해도 75㎢가 넘는 매우 넓은 지역이다.

간조 시 드러나는 갯벌 면적만 12㎢나 되며, 전체 갯벌 면적은 22.6㎢에 이른다. 또 순천의 동천과 이사천의 합류 지점으로부터 순천만 갯벌 앞부분까지 총면적 5.4㎢에 달하는 거대한 갈대 군락이 펼쳐져 있다.

순천만 습지

순천만의 역사는 자그마치 8천 년이나 된다. 지질학자들에 따르면, 지구상의 마지막 빙하기가 끝나고 해수면 높이가 160m쯤 높아지면서 우리나라 서해가 육지에서 바다로 변하고, 한반도 모양이 지금 형태로 변했다고 한다. 이때 기수 지역으로 바뀐 순천만은 강물을 따라 유입된 토사와 유기물 등이 바닷물의 조수 작용으로 오랜 세월 퇴적돼 지금의 넓은 갯벌이 형성된 것으로 추정된다.

순천만은 생물 다양성이 풍부한 생물종의 보고이며, 연구 대상 지역으로 매우 중요한 지역이다. 이곳은 오염원이 적어 갯벌, 염습지가 잘 발달, 질 좋은 수산물과 각종 저서무척추동물, 염생식물이 풍부하다. 또 넓게 펼쳐진 갈대 군락은 천연기념물 제228호인 흑두루미를 비롯해 검은머리갈매기, 황새, 저어새, 노란부리백로 등 국제적 희귀 조류 25종과 한국 조류 220여 종의 월동 및 서식지가 되고 있다.

전망대에서 바라보는 일몰과 철새가 떼 지어 날아오르는 광경이 장관을 이뤄 2006년에는 한국관광공사 최우수 경관 감상 형지로 선정되는 등 경관적 가치도 뛰어나다.(순천만국가정원 누리집 참조)

순천만 습지 일몰
놓칠 뻔했다

동상이몽(9)

    순천만 국가정원은 꼭 보고 싶었던 버킷리스트 여행지였다. 경남 창녕 우포늪을 관광객이 많이 찾는 순천만 국가정원처럼 꾸며볼 방법은 없는지 환경 전문가들이 매번 말했기에 한번 가볼 참이었다. 한 20여 년 전쯤 창원서 목포행 완행열차를 타고 순천역에 내려 자가용 없이 낙안읍성과 순천만 습지를 가본 후 처음 갔다.

    글로컬 관광지라는 평이 무색하지 않았다. 순천만 국가정원에 정열을 쏟은 순천시에 경의를 표하고 싶어졌다. 또 담당 공무원이 십수 년간 바뀌지 않아 세계적인 습지공원으로 가꿀 수 있었다는 말도 확인하게 됐다. 국가별 정원, 용수철형 오름 모양 설치 작품, 가로수 꽃밭, 유럽풍 정원 등을 보느라 초록빛 정원들에 빠져 예상 외로 둘러보는 시간이 길어졌다. 족히 두 시간은 넘게 흘렀다. 국가정원 멋은 멋이고, 본래 순천만습지 풍경도 보지 않을 수 없어 오후 6시에 습지로 이동했다. 7시까지만 볼 수 있다고 해서 급히 차를 몰았다.

    그런데 6시 30분쯤 입구에 들어서자 입장은 6시까지라며 들어가지 못하게 하는 게 아닌가. 이런 청천벽력 같은 일이. 다음에 또

순천만 습지 일몰

언제 보러 오겠나 싶어서 입구에 있는 직원에게 간청 또 간청하고,
부탁 또 부탁해서 30분만 보고 나오겠다 했더니 겨우 승낙해줬다.

30분 만에 둘러보고 나와야 한다고 생각하니 발걸음이 뜀박질
이 됐다. 광활한 습지 사이로 데크를 놓아 동서남북 원하는 방향
으로 습지를 만끽할 수 있도록 돼 있었다. 청보리보다 푸른 청갈
대 가득한 습지를 가로지르며 토끼마냥 활개 치고 다니는 내 모습
에 나도 놀랄 정도였다. 고맙게도 일몰 행운도 안겨줬다. 해가 넘
어가는 순천만은 자연의 경이로움, 황홀경, 어떤 수식어를 떠올려
도 형언할 수 없는 풍광이었다. 한없이 젖어들고 연거푸 탄성을 내
지르며 불그레함이 다해 어둠이 사위어질 때까지 습지를 떠날 줄
몰랐다. 어둠이 완전히 내려앉고서야 시선을 거둬들일 수 있었다.
해넘이가 해돋이보다 더 아름답고 고즈넉하다는 생각을 이때 처
음 했다.

동백화가는
여·순의 '화해'를 그려낼까

10일차

순천 여순항쟁탑 '반란의 도시, 항쟁의 세월'

여순 사건을 보여주는 순천 유적지를 찾아나섰다. 뉴스를 검색하다 보니 체육관에 희생자를 기리는 탑이 있다고 돼 있었다. 장소가 특정되지 않고 관리도 제대로 되지 않아 실망스러웠다는 분위기의 기사였다.

순천 팔마체육관을 찾았다. 탑이 체육관 입구에 있는지, 안쪽에 있는지 전혀 모르는 상태. 일단 안쪽으로 찾아 나섰지만 잘 보이지 않았다. 밖으로 도로 나가야 하나 하면서 왼쪽으로 돌아서려는 순간 여순항쟁탑이 나타났다.

넓지도 좁지도 않은 터에 들어선 탑 양쪽엔 여순사건을 알리는 비석이 서 있었고 왼쪽엔 '고 장환봉 외 257명, 72년 만에 명예회복! 여순사건(여순민중항쟁) 내란죄 무죄판결 확정'이라

고 쓴 현수막이 걸려 있었다. 탑 아랫부분엔 검은 바탕에 여순 사건 감회를 드러낸 시가 새겨져 있었다.

'동백꽃 붉은 도시/ 반란의 도시/ 푸른 하늘 서러워/ 꽃이 지더니// 흐르지 못한/ 반백년/ 항쟁의 세월/ 이제야 흐르네/ 우리 가슴에'.

탑 아래 비석에는 유족회가 사건의 개요를 이렇게 요약했다.

'1948년 10월 19일 다음 여수에 주둔하던 국방 경비대 제14 연대 군인들이 제주 4·3 항쟁 진압 출동을 거부하며 봉기했다. 2000여 명 병력을 규합한 봉기군은 '남북 통일, 친일반역자 세력 타도, 동족학살 반대' 등을 주장하며 여수 읍내를 점령했다. 정부 수립 전후로 경제적 어려움이 심해져 고통이 컸던 주민과 학생, 지역의 좌익 세력이 합세하면서 봉기군들은 순천 광양 구례 보성 고흥 등 전남 동부 지역을 순식간에 점령했다. 이에 정부는 광주에 토벌 사령부를 설치하고 미군의 지원을 받아 10월 23일에 순천, 27일에는 여수를 차례로 진압했다. 진압 군경과 우익세력들은 봉기군에 가담하거나 협력했던 사람들을 '손가락 총'으로 찾아내는 등 수많은 민간인 희생자를 발생시켰다. 봉기에서 한국 전쟁까지 항쟁과 토벌이 이어지는 동안 여순 사건과 관련된 희생자는 군경과 민간인 등 모두 1만여 명에 이른다. 이승만 정부는 여순 사건을 계기로 반공 독재 국가 체제를 강화해 국민의 자유와 권리를 제안했으며, 희생자 가족들은 연좌제에 묶여서 이루고 싶은 꿈을 접고 힘겹게 세상을 살아야 했다. 민족정기를 바로 세우고 하나 된 조국과 평등한 사회를 꿈꾸었다가 희생된 분들의 명복을 빌고 그 정신을 계승하고자 세웠던 위령탑 옆에 사건 개요를 담은 돌비를 희생자 유족의 성금을 모아 세우는 바이다. 2008년 10월 19일 사단법인 여순사건 순천유족회.'

여기에도 제주가 있고 4·3이 있고 아직 치유되지 않은 깊은 상처가 있었다.

오후 신안으로 차를 몰았다. 개통된 지 1년 된 천사대교와 주변 바다, 섬이 자아내는 풍경이 일품이라는 이야기를 확인하고 싶었다. 신안군은 섬으로만 이뤄진 지자체란 걸 새삼 깨달았다. 김대중 전 대통령이 신안군 하의도 출신이고 신안에 엘도라도란 리조트가 있다는 것 정도 알았는데.

신안은 육지부가 없다 보니 목포를 거쳐야 들어갈 수 있었다. 목포와 신안을 잇는 압해대교를 거쳐 신안으로 접어들어 섬 하나를 지나니 천사대교가 나타났다. 그런데 아뿔싸 비가 흩뿌리는 날씨에 해무가 짙어 다리마저 제대로 보이지 않으니 주변 풍광이야 말할 것이 없었다. 아쉬웠지만 계속 섬 속으로 들어갔다. 주변이 보이지 않으니 그냥 밋밋해졌다.

교량 곳곳에 천사의 섬이란 문구가 눈에 들어왔다. 날개 달린 천사가 아니라 섬이 1004개라서 천사의 섬이라 이름 붙였다는 설명이 있었다. 남해안이 다도해인 것은 알지만 신안군에만 섬이 1000개가 넘다니. 국가통계포털 상으로 우리나라 섬 숫자는 모두 3358개라고 한다. 이 중 유인도는 482개다. 그리고 전체 섬의 60~65%가 전남에 위치한다고.

천사대교를 타고 들어가 맨 마지막에 만나는 자은도와 목포와 연결되는 압해도는 우리나라 20대 섬에 들어간다. 두 섬 면적을

신안 자은도 '무한의 다리'

합치면 100km²에 이른다. 압해도와 암태도를 연결하는 다리가 천
사대교다. 암태면을 지나 자은도로 들어가 힘겹게 바다 위로 데크
로 연결해놓은 '무한의 다리' 앞에 도착했다. 바다 위에 어떻게 긴
데크를 설치했나 싶었다. 길이가 천사(1004)m였다. 자은도와 작은
섬 2개 등 모두 섬 3곳을 연결해놓았다. 물을 싫어하기도 하고 두
려워하기도 하는 아내가 선뜻 다리 위에 올라서기를 겁내 했다. 내
팔을 꼭 끼고도 안심이 안 되는 모습이었다. 중간 섬까지 갔다가
중간에 돌아서려는 아내를 설득해 끝까지 밀어붙였다. 무서우니
빨리 걷자고 했다. 해풍도 셌다. 약간 겁을 먹은 아내는 어떤지 모
르겠지만 바다 위를 걷는 기분은 뭐라 말할 수 없었다. 조금씩 다
가오는 바다와 가까워지는 섬을 보면서 가슴 깊숙이 해풍을 들이
마셨다.

나오는 길에 암태도 소작쟁의 기념탑을 찾았다. 역사책에서만
여러 번 봤던 일제 시대 유명한 소작쟁의 현장이 바로 이곳이라니.
마치 지금 벌어지고 있는 역사 현장을 견학하는 기분이었다.

'암태도소작인항쟁기념탑'.

탑은 '1924년 암태도소작인 항쟁은 동학농민전쟁 이래 민족의 가슴 속에 불타고 있던 낡은 제도와 외세에 대한 저항의 불길이 소작쟁의로 터져 나온 사건'이라고 적었다. 서태석 등이 소작회를 조직해 일제와 그 비호를 받던 지주들이 소작료

를 무려 7~8할까지 올려 받는 데 저항, 소작료 불납과 파작 동맹으로 맞서다 양쪽이 충돌, 소작인들이 구속됐다. 이를 계기로 소작인 600~700명이 파도를 헤치고 6시간이나 배를 타고 두 번이나 목포로 나가 거리를 휩쓸고 검찰청을 점거하기도 했다고 한다. 농민들의 조직적 투쟁은 전국으로 소문이 번지고 투쟁으로 연결돼 마침내 소작료는 왕조 때보다 적은 4할로 인하되는 엄청난 성과를 거뒀고 이는 '농민 투쟁 최초의 전국 단위 승리'라고도 기록돼 있었다.

이 내용은 송기숙의 소설 「암태도」를 통해 널리 알려진 바 있다. 이 기록을 보며 어린 시절이 문득 떠올랐다. 농촌에서 우리 논밭이라곤 거의 없어 친척 밭과 지주 논농사를 지었다. 가을 벼농사 수확을 할 때쯤이면 담임선생으로 읍내에 살던 송 모 씨가 논에 와 지켜보다 갔던 모습이 떠올랐다. 소작료가 몇 할이었는지는 모르겠지만 담임선생은 아버지가 수확을 얼마나 하는지 감독을 하러 왔을 것이다.

'가난한 소작농의 아들로 태어나…' 어디서 많이 본 문구다.

여순사건을 화폭에 옮긴 동백화가 강종열

동상이몽(10)

제주 여행을 마무리하고 육지 여행은 순천부터 시작했다. 여순 사건 현장을 가보고 싶어 하는 남편 계획대로라면 여수를 먼저 들러야 했다. 하지만 여수는 향일암이나 오동도를 자주 가본 터라 전국 여행에선 순천 역사 현장만 둘러보기로 했다.

그렇지만 '여순사건'을 떠올리며 시작한 여정에 여수를 넣지 않은 점이 영 아쉽고 찜찜하긴 했다. 이런 아쉬움을 누가 알기라도 한 듯 우연히 마산 예술인 소개로 여순사건을 소재로 그림을 그리는 작가가 여수에 있다는 사실을 알게 됐다. 결국 여행을 다녀오고 6개월 후 기어코 여수로 다시 가서 '동백화가'로 불리는 강종열 화백을 만났다.

강 화백은 우리를 여수시 돌산읍 모장길에 있는 자신의 아틀리에로 초대했다. 그가 직접 내려준 따뜻한 커피가 추위를 잠시 잊게 했다. 그의 작품 공간은 붉은 동백으로 가득했다. 흰 눈 위에 흩어진 동백을 묘사한 대작들과 마주할 땐 저절로 탄성이 나왔다. 개인적으로는 눈과 동백이 확연히 드러나는 구상 작품보다는 청록 바탕에 점점이 떨어져 저마다 빛을 발하는 동백을 표현해낸 추

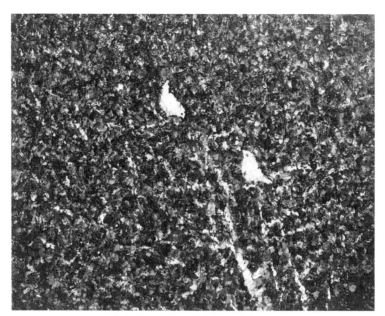

2019년 강진아트홀 강종열 기획초대전 '동백, 빛으로의 여행' 전시 작품

상 작품이 마음에 더 머물렀다. 추상 작품은 처음 봤을 땐 화려했
다가 아름다움으로 바뀌고 연이어 슬픔과 아련함으로 비쳐지더니
끝내는 처절함으로 느껴지기까지 하는 강인한 매력이 있었다.

그런데 '오로지 당신만을 사랑합니다'라는 정열의 꽃말을 가진
동백으로 여순사건을 어떻게 승화해낸다는 것일까.

그는 먼저 동백과 여순사건을 함께 담은 단일 작품들을 보여줬
다. 붉은색 동백이 마치 바닥에 낭자한 피처럼 보이기도 하고, 용
서와 화해의 의미를 담는 매개체 역할을 하는 것처럼 보이기도 했
다. 총을 겨누는 이를 피해 나무 위에 숨어 두려워하는 모습을 담
은 작품도 보였다.

다른 작품실로 따라가니 재색 톤의 '한국판 게르니카' 그림이

여순사건을 표현한 강종열 작 '여순사건'

눈에 띄었다. 게르니카는 에스파냐 내란을 주제로 전쟁의 비극성을 표현한 피카소의 대표작이다. 강 화백의 게르니카에는 검은색 바탕 위에 아기 업은 여인의 모습이 지나가고, 여순사건의 혼란 속에서 아우성치는 사람들 모습, 급작스레 아수라장이 돼 얽히고설킨 장면들이 묘사돼 있었다. 그림 크기는 가로 15m, 세로 1.93m로 대작이다. 강 화백은 당시 이 대작을 한창 작업 중이었고 완성 시기는 미정이라고 했다.

그는 역시 아직 완성되지 않은 여순사건 연작도 조심스럽게 공개했다. 긴 겨울 밤 여순사건에 대해 어머니로부터 들었던 생생한 이야기를 토대로 나름대로 스토리텔링해서 연속 작품을 만드는 중이었다. 목탄으로 사건의 발단부터 결말까지 마치 애니메이션 작업을 하듯 잇달아 그려낸 그의 작품을 보는데, 왜 그렇게 울컥하면서 가슴이 미어지는지 모를 일이었다. 예술 작품의 힘이란 게

이런 것이구나 새삼 깨달았다.

강 화백은 "여수에서 일어난 여순사건을 작품으로 표현해 기록하는 작업이 지역작가로서 할 일"이라고 말했다. 그는 대작 '한국판 게르니카'에는 화해하는 마음을 담았다고 했다.

"그림은 인간의 아픔과 현상을 그대로 담으면서 희망과 평화를 줘야 한다. 그리고 용서로 나아가야 한다. 여순사건 당시 (억울한 죽음이 많지만) 단지 경찰이란 이유만으로 죽임을 당한 경우도 있어 경찰 자식들 가운데도 말못하고 고통받고 있는 사람들이 있다. 과거의 아픔, 트라우마를 끄집어내 결국 화해와 용서로 가도록 하는 것이 작가의 역할이라고 생각한다."

그는 대작은 대작대로 작은 그림들은 작은 그림대로 여순사건 관련 많은 작품들을 그려놓고 있었다. "작고 구체적인 그림들은 당시 상황에 대해 알려진 것, 구전된 것 등이다. 사진이나 구체적 자료가 없어 작가의 감성으로 끄집어낸 작품들이다."

칠순을 넘긴 나이에도 강 화백은 해마다 전시를 열고 있다. 최근엔 2017년 9월 '한중국제영화제 초대 지정작가전'(한양대 올림픽체육관 갤러리), 2018년 '갤러리 루카스 초대전'(순천), 2019년 '강종열 기획초대전-동백, 빛으로의 초대'(강진아트홀), 2020년 '동백...난 오직 당신만을 사랑합니다'(서울아산병원 갤러리)를 열었다. 또 미국과 프랑스, 중국, 이탈리아, 싱가포르 등 국제적으로 전시회를 열어 국·내외 개인전 97회와 단체전 600여 회 이상 경력을 갖고 있다.

강 화백은 아틀리에 소개가 끝나자마자 여수에서 가장 경치가 좋은 곳에 가서 맛있는 차를 마시자고 했다. 우린 소중한 인연을 맺은 인생 선배를 뿌리칠 수 없어 따라가게 됐다. 허름해 보이는 여수 바닷가 상가 건물 옥상이었는데, 과연 그곳은 여수 야경이 한눈에 보이는 비밀 장소였다. 유럽풍 인테리어와 이탈리아 음식, 차와 맥주가 있어 운치가 있는.

그 카페에서 강 화백은 칠순 잔치를 한 이야기며 가족 이야기, 동백을 그리는 이유 등을 들려줬다.

"동백은 여수의 상징이고, 겨울을 참고 견디는 힘이 있다. 강인한 정신력이 우리나라의 성정과 닮았다. 또 동백꽃은 깨끗하게 통으로 떨어진다. 이런 게 나와 닮았고, 그래서 동백을 그리는 것이다. 우리나라에 동백이 있는 데는 안 가본 곳이 없다. 여수 작가로 계속 지낼 것이고, 힘이 닿을 때까지 동백을 그리고 싶다."

(강 화백은 생각보다 빨리 완성된 대작을 선보였다. 국회가 2021년 6월 29일 '여수·순천 10·19사건 진상규명과 희생자 명예회복에 관한 특별법'(여순사건 특별법)을 의결한 게 계기였다. 대작 '여순사건'을 비롯해 그가 여순사건을 생각하면서 작업했던 그림들을 모아 여수 엑스포국제관에서 여순사건 발발일인 10월 19일 '존엄, 여수의 해원(解冤)'전을 연 것이다. 우리는 개막일엔 가지 못하고 며칠 지나 전시장을 찾아 축하하고, 강 화백으로부터 대작이 완성되기까지 힘들었던 과정 등을 직접 들었다. 그로선 이번 전시회가 100번째 개인전이기도 하다고 했다. 국내선 찾아보기 힘든 대기록이다.)

◆ 여순사건은 왜 일어났나

여순사건은 제주4·3사건 이상으로 간단하게 설명하기 힘든다. 제주4·3사건 진압 거부를 시작으로 일어난 점에서 4·3과 쌍둥이 사건이라고도 불린다. 하지만 아직도 제대로 된 사건 진상규명은 이뤄지지 않았고 이에 따라 반란, 폭동, 병란, 항쟁 등 다양한 이름으로 불리고 있고 일반적으로 가치중립적 표현인 '사건'으로 불리고 있다. 제주 4·3사건이 일어난 해인 1948년 10월 19일 발생, '10·19여순사건'이라고도 불리지만 날짜보단 여수에서 발생해 순천 일원으로 확대된 지역 특성을 살려 그냥 '여순사건'이라고 부른다.

당연히 사건 전모를 정리해놓은 자료 찾기도 쉽지 않고 논문이나 책마다 설명도 다르다. 우연히 순천시청 홈페이지에서 열람해본 '순천시사-정치·사회편'(이하 순천시사)이 비교적 객관적이면서 상세하게 사건 배경과 전개 과정을 서술해놓은 것 같아 이를 요약, 소개한다.

해방 후 한반도 남쪽과 북쪽엔 미군과 소련군이 각각 진주해 자국에 유리한 국가를 수립하려고 했고 미국은 남쪽에 친미 자본주의 국가를 수립하는 것이 목표였다. 이 같은 미국의 국가 이익에 민족주의 세력과 중도 세력, 사회주의 및 공산주의 세력은 정면으로 배치됐다. 1946년 가을 항쟁과 1948년 단독선거 반대 투쟁 등이 남한 전역에서 발생했지만 여순 지역에선 다른 지역에 비해 좌·우익 간 유혈 사태가 상대적으로 적었다. 지역 정치 문화가 중도·민족주의 세력 영향력이 커 조화와 타협을 중시하는 측면이 강했기 때문이다. 이 덕분에 1948년 10월 여순사건 발생까지 지역의 인민위원회 조직이 온존, 분단국가 수립에 정면으로 대항할 수 있는 여력이 있었다.

해방 후 대한민국의 군은 국방사령부를 거쳐 국방경비대란 이름으로 출발했다. 그런데 초기 국방경비대는 경찰의 보조기관으로 격하돼 모병에 어려움을 겪었다. 그러다 보니 정치범과 일반 범죄자, 깡패와 부랑자까지 입대가 허용됐다. 혼란기 항쟁을 거치면서 남로당은 군 침투 공작을 벌여 군 하부 조직의 좌경화가 이뤄졌다.

현대사 연구가 김남식의 주장에 따르면 여수에서 창설된 제14연대의 경우 병사의 절반 이상이 남로당 전남도당의 침투 공작에 따라 입대했다고 한다. 당시 미군이 일제시대 경찰 복무자 대부분을 재채용하다 보니 경찰은 친일 성향을 띠었다. 이들 경찰이 경비대를 사상적으로 불온하고 향토색을 띠는 오합지졸 정도로 깔보자 경비대는 일제 주구 노릇을 하다 자신들보다 대우를 잘 받는 경찰에 모욕감을 느끼는 분위기였다. 이 결과 1947년 6월 3일 전남 영암에서 대규모 군경 충돌 사건이 생기기도 했다.

남한 단독정부 구성과 선거를 둘러싼 정치적 대혼란과 좌우 대립, 군과 경찰의 충돌 등 복잡한 상황 속에 경제 상황 또한 최악이었다. 수백만 명의 해외 귀환 및 월남동포 유입과 물자 부족에 따른 매점매석, 북한 단전 등에다 서울 생필품 가격은 해방 후 2

년 5개월 동안 무려 25.2배나 폭등했다. 1947년 11월 당시 공장 조업률은 4~40%에 머물렀다. 여기에다 1948년 여름 연이은 태풍과 장마로 전남지역은 막대한 피해를 보고 극한 상황으로 치닫고 있었다.

여수·순천 등 전남 동부지역은 상대적으로 좌·우익이 공존하는 분위기였는데, 분단이 기정사실화되면서 1948년 봄부터 급속하게 와해된다. 그해 3월 들어 구례와 순천을 포함해 전남 2부 14개군에서 폭력 사태가 발생했다. 군중들은 수백에서 수천 명씩 몰려다니며 경찰(지)서와 우익단체를 습격하고 테러사건도 빈발했다. 이들은 '유엔한국위원회 반대', '양군동시 철수', '단독선거 반대' 등 구호를 외쳤다. 이즈음 남로당은 5월 7일을 전후해 전국적인 파업, 맹휴, 시위, 습격, 테러 등으로 단선저지투쟁을 선전·선동해나갔다. 여수에서는 총파업(2.7~10) 기간 철도·항만 노조원 5천 명이 대규모 시위를 벌였다. 또 여수중학, 여수여중 등 학생들이 맹휴에 참가해 광범위하고 조직적 활동을 벌였는데, 이는 여순사건이 벌어졌을 때 학생들이 보여준 선도적 역할과 밀접한 관계를 맺고 있다.

이 시기인 1948년 5월 초에 광주 제4연대 1개 대대병력을 골격으로 여수 제14연대가 창설됐다. 병력 중에는 여순사건 주모자인 지창수 상사를 비롯해 김지회, 홍순석 중위 등 좌익계 간부들이 포진해 있었다.(순천시사, p.715-753)

◆ 여순사건 발발과 전개, 진압 과정

순천시사에 따르면 당시 여수 14연대 좌익세력들은 10월에 들어서며 동요하고 있었다. 제주 4·3사건 당시 제주 주둔 11연대장 박진경 중령 암살을 계기로 진행된 숙군 작업 영향을 받아 전 14연대장 오동기 소령도 혁명의용군 사건으로 구속된 뒤였기 때문이다. 그래서 숙군대상이 되느니 차라리 집단 탈영을 하는 게 낫겠다는 의견이 나오기도 했다. 그런 와중에 제주도에 파견할 1개 대대 편성이 마무리된 것이다. 14연대에는 이미 미군의 신식 무기가 충분히 지급됐고 무기고엔 반납할 3천여 정의 구식 무기가 그대로 있었다.

여순 반란 중심 인물인 지창수는 제주 출동을 사흘 앞둔 10월 16일 남로당 계열과 이승만 정권 불만 세력 등 하사관 그룹을 소집해 대책을 논의했다. 이 자리에선 세부 반란 방법으로 제주까지 간 다음 현지 반란군과 합류하는 방법, 출동 자체를 거부하고 연대 안에서 반란을 일으키는 방법, 제주로 출동하다 선상 반란을 일으켜 북으로 향하는 것 등 3가지 방안이 논의됐다. 지창수는 남로당 전남도당 연락책을 통해 선상 반란 계획을 밝히고 긴급 지시를 요청했지만 이미 도당도 경찰 탄압으로 와해돼 제대로 보고가 이뤄지지 못했고, 지창수 중심의 14연대 좌익세력들이 단독행동으로 나아간 것으로 파악되고 있다.

제주 출동 시각은 10월 19일 밤 10시. 10분 전에 부대원 집결을 알리는 나팔소리가 들리자 연병장에 출동부대와 잔류부대 전체 장병 2700여 명이 모였다. 그때 지창수가 갑자기 연단에 올라 연설을 하면서 여순사건은 막이 오른다.

지창수는 이 자리에서 "지금 경찰이 우리한테 쳐들어온다. 경찰을 타도하자. 우리는 동족상잔의 제주도 출동을 반대한다. 우리는

강종열 화백 유화 '아! 동백'

조국의 염원인 남북통일을 원한다. 지금 조선인민군이 남조선 해방을 위해 38선을 넘어 남진 중이다. 우리는 북상하는 인민해방군으로서 행동한다"고 선동했다. 당시 무력충돌까지 하며 사이가 좋지 않았던 경찰을 거론하며 부추겼고, 북에서 인민군이 내려오고 있다는 허위사실을 퍼뜨려 강력한 지원세력이 있는 것처럼 부풀린 것이다. 이에 대부분 장병들이 "옳소"라며 지지를 표했고, 반대한 3명의 하사관은 즉석에서 사살됐다. 제주도 출동부대가 반란군으로 변하면서 잔류 2개 대대도 합세, 반란군은 2500명으로 늘어났다. 지창수는 스스로 인민해방군 연대장에 취임했다.

반란군은 영내 수색부터 시작해 20여 명의 장교를 사살한 뒤 여수 시내로 진격했다. 파출소, 경찰서부터 접수한 이들은 경찰관 수십 명을 살해하고 유치장 문을 열었다. 반란군에 합류한 수감자들은 더 잔인하게 경찰관에게 보복했다. 경찰들의 방어는 수적 규모나 무장 측면에서 상대가 못 됐다. 군청, 은행, 신문사 등 중요 기관들이 잇따라 점령됐고 이어 반란군은 좌익청년단체의 선도로 경찰, 우익요인, 우익청년단 등을 색출해 경찰서 뒤뜰에 결박했으며 그중 반감이 심했던 극우 인사들은 즉결처분됐다. 전 시가지에는 인공기가 펄럭였고 경찰서와 군청에는 오전 10시부터 보안서와 인민위원회가 구성됐다.

여수 전역을 장악하자 반란군 2천 명가량은 통근열차와 군용트럭으로 순천으로 향했다. 반란군이 도착하자 순천 경비업무를 맡았던 14연대 2개 중대, 반란군 진압차 광주에서 내려온 4연대 1개중대 병력도 반란군에 합세했다. 순천은 이날 오후 3시께 반란군에 완전 점령됐다.

이후 반란군은 3개 부대로 재편성, 주력 1천여 명은 구례 곡성 남원 방면으로 진격했고 일부는 광주 방면으로 가기 위해 벌교 보성 화순으로, 일부는 경상도로 진출하기 위해 광양 하동 방면으로 갔다. 반란군이 영역을 확대하며 진격을 계속하자 남원과 구례, 보성, 고흥 등에서는 반란군이 도착도 하기 전에 폭동이 일어나거나 도착과 동시에 토착 좌익들이 함께 일어나는 양상을 보였다.

여순반란 소식이 서울로 전해지자 주한 미군과 국군 당국은 20일 오전 국방부에서 긴급 대책회의를 열고 선견대를 광주로 파견하는 한편 토벌사령부를 설치했다. 당시 이범석 국방부장관은 이번 사건이 혁명의용군 사건으로 전 14연대장 오동기 소령이 구속된 것을 배경으로 설명했다. 오동기 체포 이후 관련자들이 속속 체포되면서 극심한 공포감을 느끼고 있었다는 것이다.

당시 발표문은 "공산 계열의 오랫동안의 책동과 음모로써 반란이 발생했다. 처음에 약 40명의 사병이 무기고를 점령하고 다음에 교묘한 선동과 위협으로 일부 병사를 선동시켜 다른 병사를 무기로 위협하고 장교 대부분을 살해한 후 반란군은 그 지방의 공산주의자들과 합해 철도를 점령해"라고 사건 발생 경위를 설명했다.

군 당국은 시종 남로당이나 좌익 성향 세력을 묶어 '공산주의자'로 불렀다. 또 눈에 띄는 것은 사건 성격을 '천인공노할 공산주의 도당의 죄악은 말할 것도 없거니와 극우진영이 시대를 몰각한 이 죄악적 행동을 조장하고 사리사욕을 채우려 함은 더욱 가증하다고 아니할 수 없다'고 규정한 점이다.

정부 당국은 당시 15개 연대 약 2만 5천 명의 육군 병력 가운데 38선 방어 8개 연대를 제외하고 7개 연대를 여순지구에 파견했다. 단순 계산으로 볼 때 3천 명(무장 민간인 제외) 안팎인 반란군 진압에 약 1만여 병력이 투입된 것이다. 20일부터 반란 진압에 나섰지만 초기 진압군이 공격에 소극적인 가운데 일부 장교가 포로로 잡히고 매복 기습을 받는 등 교착 상태에 빠지자 정부는 22일 여순지구에 계엄령을 선포했다. 반란군들에게는 즉시 투항·귀순하라는 포고문을 냈다. 진압군은 최초 탈환 목표를 순천으로 정하고 다음으로 여수를 고립시킨다는 작전을 구사했다. 많은 병력에 정찰기와 장갑차 부대, 박격포를 동원한 정부군 공세에 반란군은 상대가 되지 못했다. 정규전을 포기한 반란군 주력은 광양 방면 백운산과 지리산으로 일찌감치 도피했다. 순천읍에는 총과 죽창으로 무장한 치안대, 민애청원, 학생들만 진압군과 치열한 시가전을 벌였다. 진압군은 23일 오전 11시 순천 전역을 탈환했다.

여수 역시 반란군 주력이 산으로 피신한 가운데 군인 200여 명, 무장 좌익세력 1천여 명 등이 시내를 방어하고 있었다. 진압군은 23일과 24일 2차례에 걸쳐 육·해군 합동작전을 벌였지만 정부 자체가 궁지에 몰릴 정도였다. 그러나 25일 3차 여수탈환작전부터 이미 주력이 산으로 피신한 반란군이 무너지기 시작, 26일 장갑차, 항공기, 경비정 등이 총동원된 육·해·공 합동작전 끝에 시가지로 진격했다. 이에 앞서 시가지를 향해 박격포탄을 퍼부어 시가지를 잿더미로 만들었다. 당시 호남지구 전투사령부는 여수 반란군 측에서 병사 200여 명, 민간무장폭도 1천여 명, 동조세력까지 합쳐 1만 2천여 명이 대항하고 있었다고 주장했다. 미군정보보고서는 11월 16일 현재 여순 반란군이 백운산 방면 350명, 벌교 200명, 고흥 150명, 보성 300명 등 1천여 명이 흩어져 있다고 기록했다.

순천시사는 "국군은 여순사건을 통해 대규모 군사훈련 이상 가는 실전경험을 쌓게 됐고, 동시에 사건 직후 계속된 숙군 작업으로 이념적·조직적 취약성을 극복할 수 있었다"고 지적했다.(순천시사, p.754-775)

◆ **반란군이 장악한 여순지역 상황**

여수지역은 1948년 10월 20일 오전에 반란군에 의해 점령됐다. 27일 오전 진압군 장갑차가 들어와 오후 3시 반께 탈환됐다. '6일 천하'였다.

순천시사는 반란 치하 여순지역 상황을 초기 경찰과 우익요인 등을 어떻게 얼마나 살해했는지 비교적 소상하게 다루고 있다. 먼저 반란지역 여순의 공통 현상을 크게 3가지로 정리했다.

첫째, 반란군이 한 지역을 점령한 뒤 토착공산주의 세력과 합세해 경찰, 우익요인, 우익청년학생 등을 즉결처분하거나 인민재판을 거쳐 처분했다. 둘째, 반란군은 남로당 및 지방좌익과 합세해 인민위원회·보안서·의용군 등을 구성, 폭동군과 의용군은 전투를 담당하고 인민위는 행정과 재판을 담당했다. 그러나 이런 행위들도 사전 계획을 갖고 실시된 것은 아니었고, '38선이 터져서 남조선 해방이 눈앞에 왔다'는 등 허위선전을 은폐·합리화하고 진압군 진압 상황에 대응해 나타난 즉흥적인 성격의 것으로 분석됐다. 셋째, 이런 과정에서 강압이었든 자발적이었든 군중이 대규모로 참여했다는 것이다.

여수의 경우 반란군이 경찰서를 점령한 후 경찰은 군중들에게 잡히면 마구 짓밟히거나 구타당해 살해됐고, 반란병사에게 잡히면 그 자리에서 총살되기 일쑤였다. 체포된 경찰이나 우익인사들 가운데 '악질반동'으로 낙인 찍힌 사람들은 즉결처분이나 인민재판을 거쳐 처형됐다. 반란군 여수 점령 기간 즉결처분과 인민재판으로 처형된 사람은 경찰관 74명을 포함, 200여 명이었다. 처형을 면한 200여 명은 석방됐다.

순천의 경우 여수보다 점령 기간이 짧았는데도 900여 명의 관민이 사망했다. 이 가운데 경찰은 전사자를 포함, 400여 명이 죽임을 당했다. 반란군에 살해된 경찰은 대부분 신참이거나 인접지역에서 온 응원경찰이었고 고참과 간부들은 모두 피신한 뒤였다. 체포된 사람들 가운데 일단 반동분자로 찍힌 경우 점령 첫날 은행 앞 광장에서 처형됐다. 순천경찰서장도 두 눈이 뽑히고 온몸이 묶인 채

차 꽁무니에 끌려다니다 화형당했다. 일부 반도는 체포된 경찰을 산 채 모래구덩이에 파묻어 죽이기도 했다. 묻힌 뒤 죽지 않고 꿈틀거리는 경찰관은 위에서 죽창으로 찔러 죽였다. 여수보다 순천에서 피살된 경찰관 숫자가 많고 더 비참하게 살해한 것은 순천 반란군들이 이미 신분이 노출됐기 때문으로 추정됐다. 또 여수보다 순천에서 정치적 갈등이 심했음을 입증하는 것으로도 해석됐다.

반란군에 점령된 20일 여수시 중앙동 광장에서 1천여 명이 모인 가운데 군중대회가 열렸다. 여기서 인민위원회 의장단이 선출되고 혁명 과업이 채택됐다. 과업은 조선민주주의인민공화국에 충성과 대한민국 분쇄 맹세, 대한민국 모든 법령 무효화, 반동분자 처단, 무상 몰수 무상 분배에 의한 토지 개혁 실시 등이었다.

이어 여수인민위원회 공동의장으로 선출된 이용기가 취임사에서 향후 실행할 내용들을 밝혔다. 내용을 보면 첫째, 경찰과 반동단체 악질간부들은 징치하되 반드시 보안서 엄정조사를 거쳐 사형·징역·취체·석방 등 4등급으로 나눠 처리한다. 악질경찰을 제외하곤 사형은 될 수 있는 대로 없도록 노력하고 부득이한 경우에도 최소화할 것. 둘째, 친일파·모리상간배 은행 예금을 동결하고 재산을 몰수할 것. 셋째, 적산가옥과 연관없는 자가 빼앗은 집은 정당한 연고자에게 돌려줄 것. 넷째, 매판자본가들이 세운 사업장 운영권은 종업원들에게 넘겨줄 것. 다섯째, 식량영단 문 열어 인민 대중에게 쌀 배급할 것. 여섯째, 무산대중에게도 금융기관 돈을 빌려줄 것.

반란지구에서는 대부분 인민위원회와 보안서가 조직되었고 인공기가 게양됐다. 사업장에서는 종업원들이 직장 자치위원회를 조직해 주인으로부터 운영권을 인수해 운영하기도 했다. 인민위와 보안서는 반역자 처벌을 위한 심사위를 구성해 숙청 대상자를 인민재판에 회부했다. 강·온 논쟁 끝에 악질적이라 판단된 우익인사 8명과 사찰계 형사 2명이 처형됐다. 우익인사론 일제 때 비행기를 헌납한 천일고무 사장이자 한민당 여수지부장 김영준, 차활언 독촉국민회 지부장, 김창업 대한노총 부지부장, 이광선·김수곤 미 CIC요원, 사업가 김본동·서종형 등이었다. 양심적이라 판단됐던 경찰관 20여 명은 석방됐다.(순천시사, p.776-781)

◆ 진압군 탈환 이후 여순 상황

여순지역이 반란군에 의해 점령당했다 6일 만에 탈환됐다. 그리고 세상이 다시 바뀌었다. 군경은 계엄상태에서 반란군과 '부역자' 색출에 나섰다. 이 작업은 2단계로 나눠 진행됐다.

1단계는 대부분의 읍민을 학교 등 공공시설에 집결시킨 뒤(순천 5만 명, 여수 4만 명) 외모로 보아 머리가 짧은 자, 군용팬티를 입은 자, 손바닥에 총을 든 흔적이 있는 자 등에다 반란군 치하에서 피해를 많이 본 집단인 경찰관과 우익단체 요원 등이 나서 적발했다. 반란군 측 즉결처분에 가담했거나 인민재판 때 처형에 앞장섰다고 적발된 자는 즉석에서 곤봉이나 총 개머리판·체인 등으로 무참하게 살해되거나 총살됐다. 따로 수용돼 재심사를 받거나 계엄군이나 경찰에 넘겨져 심문과 재판을 받기도 했다.

2단계로는 1단계에서 애매하거나 그 후 고발된 자를 대상으로 재심사 등을 거쳐 총살, 이첩, 석방 등으로 조치됐다. 이 과정은 수개월간 계속됐다.

여수의 경우 27일 오후 4만 명을 국민학교 등에 분산 수용한 가운데 반란군과 부역자를 색출, 일부는 즉결 총살했고 '백두산 호랑이'로 소문난 제5연대 김종원 대대장은 교정 버드나무 밑에서 일본도를 휘둘러 즉결 참수 처분하기도 했다. 혐의자 가운데 재분리·심사를 받은 자 가운데 다수는 만성리로 가는 터널 뒤쪽에서 집단 총살됐는데 정확한 숫자를 헤아리기 힘들었다. 부역자 색출 과정에는 취조관의 자의적 판단이나 개인적 원한을 가진 사람들의 모함적 투서에 의해 죽임을 당하는 경우도 적지 않았다. 우익인사 송홍은 개인적 모함을 받아 목숨을 잃었고, 박창길 검사도 사이가 좋지 않았던 경찰들이 좌익으로 몰아 죽게 됐다고 한다. 이런 식으로 부역자 등으로 분류돼 11월 3일부터 11일까지 전남도경에 검거된 사람이 모두 3539명이었다고 당시 신문에 보도됐다.

진압군에 밀려 산악지역으로 잠입한 반란군이 유격전을 전개하자 정부는 여순지역에 국한해 선포했던 계엄령을 11월 1일을 기해 전남북 지역으로 확대 선포했다. 또 반란군 치하에서 해체됐던 정당·사회단체가 재조직됐고, 우익 청년학생단체들도 강화 또는 신설됐다.

제주 4·3에 이은 여순사건 이후 좌익은 국지적 무장투쟁을 남한 전역으로 확대하기로 하고 1949년 7월에는 남조선인민유격대를 조직, 7월과 9월 대규모 무장유격전을 폈다. 이는 민중봉기를 유도하는 한편, 정부 병력을 공비 준동 지역에 고정 배치토록 함으로써 38선 지역 국군 병력이 약화되도록 하려는 목적을 띠었다고 한다. 좌익은 대한민국 정부 수립 후 북에서 조선민주주의인민공화국 수립이 공식화하자 단정 반대를 인공 지지 투쟁으로 전환했

만성리 형제묘

다. 이에 맞서 이승만정권과 국회는 반공 노선을 더 강화했고 그 해 말 국가보안법이 제정되기에 이르렀다.

여순사건 피해 규모를 정확히 알 수 있는 자료는 아직 없다. 순천시사는 당시 계엄사령부 발표와 발표 내용을 언급하고 있지만 이 역시 신빙성에 의문이 제기된다. 계엄사령부는 여순피해 상황을 여수, 순천으로 나눠 여수의 경우 반군에 피살된 관민 1200명, 중상자 1150명으로 집계했다. 순천은 사망 1134명, 행방불명 818명 등으로 파악했다. 이에 비해 전남도 보건후생부가 이재민 구호 자료로 발표한 내용을 보면 여순과 보성 고흥 광양 구례 곡성까지 7곳 사망자 2634명, 중상자 1128명, 행방불명 4325명, 가옥소실 1551채 등이었다.

순천시사가 소개한, 당시 현지를 답사하고 작성한 기자의 기사 첫 문장이 눈길을 끈다. '인심 좋은 순천(順天)은 역천(逆天)되고,

산고수려(山高水麗)하다던 여수는 악수(惡水)로 변했지라우.'(순천시
사, p.782-788)

◆ **여순사건을 바라보는 다양한 시각**

식민지와 좌우 극한대립, 동족상잔의 전쟁을 거쳐 지금도 반
전쟁 상태를 벗어나지 못하고 휴전 상태인 대한민국. 질곡이 많
았고 현재도 그 유제를 안고 있는 만큼 한국 현대사 주요 길목마
다 만나는 대형 사건마다 시각에 따라 엄청난 해석 차를 보여주
고 있다.

여순사건도 그 가운데 하나다. 반란이냐, 항쟁이냐로 시작되는
명칭 문제부터 남로당이 얼마나 개입했느냐는 사실 판단 문제를
포함, 많은 부분이 아직 사실 확인과 진상 규명을 기다리는 상황
이다. 여순사건을 시사를 중심으로 간단히 들여다본 여행자로서
이 사건을 바라보는 몇 가지 입장들을 정리해본다.

순천시사는 여순사건 발발 원인을 엄밀하게 규명하는 것은 사
실상 불가능하다고 전제하면서도 사건 발발 원인에 대한 3가지
설을 소개하고 있다.

첫째는 '돌발적 사건'이었다는 입장. 정부가 제주4·3사건 진압
을 위해 14연대 일부 병력을 파견하기로 하자 좌익세력들이 준비
를 완벽하게 하기도 전에 반란을 일으켰다는 것이다. 남로당 중앙
당은 물론 전남도당도 미리 계획을 세웠거나 준비를 하지 않은 상
황에서 14연대가 독자적으로 결정했다는 것으로 주로 미군사고문
단의 입장이다.

둘째, '압력분산설'이다. 당시 제주도 유격대에 가해지던 당국의 압력을 분산해 '제주도 혁명'을 성공시키고, 아울러 본토에 제2전선을 형성해 전국적 혁명을 이루기 위해 좌익이 계획적으로 발발했다는 관점이다.

셋째는 '미국 결의 실험설'이다. 남로당이 미국 개입 정도가 어느 정도인지 시험해보면서, 새롭게 등장한 대한민국 정부의 정통성을 기초부터 흔들어놓겠다는 계획의 일환이라는 것이다.

해방 직후 좌익세력은 미군이 창설하는 국방경비대를 이용하려고 다양한 방법과 루트를 통해 침투공작을 했다. 그런데 이런 공작은 점조직으로 이뤄져 장교와 사병들은 자신들 외엔 누가 남로당원인지 알 수 없었다고 한다. 전남의 경우 광주 4연대와 여수 14연대 사병 가운데 반 수 이상은 남로당 전남도당에서 침투시키고 있었다.(순천시사, p.751).

그럼 한국 고교생들이 배운 국사 교과서에선 여순사건과 그에 앞선 제주 4·3을 어떻게 기술하고 있을까.

2001년 3월 국사편찬위원회 발행 고등학교 국사(하) 교과서는 이렇게 서술하고 있다.

제주4·3사건은 공산주의자들이 남한의 5·10총선거를 교란시키기 위해 일으킨 무장폭동으로서, 진압 과정에서 무고한 주민들까지도 희생되었으며, 제주도 일부 지역에서는 총선거도 실시되지 못했다. 새로 창설된 국군 내부에도 공산주의자들이 침투해 사회 혼란을 유발했다. 특히 여수·순천10·19사건은, 이 지역에 주둔하고 있던 군 부대 내 일부 좌익 세력이 반란을 일으키고, 이 지역에 잠입해있던 공산주의자들이 여기에 합세해 일으킨 사건이었다. 이 사건은 새로 수립된 대한민국을 전복시키려는 의도가 있었다. 결국 국군과 경찰의 토벌로 사건은 진압되었으나, 평온과 질서를 되찾기까지는 상당한 기간이 지나야만 했다.(p.196-197)

한 연구자는 여순 사건은 한국 현대사에서 반복되는 '피의 보복'의 한 출발점이 되었다고 평가한다. 여순 사건에서는 일부 우익 인사가 좌익에 의해 학살되었고, 그에 대한 군경과 우익 세력의 보복 학살이 뒤따랐다. 좌우익 상호 간의 보복 살육 행위는 한국전쟁까지 이어졌으며, 그 결과 한국 사회 갈등의 한 원형이 여순 사건에서 비롯됐다고 보는 것이다.(임영태, 2016)

신안 암태도,
마을 벽화의 진화

동상이몽(11)

　수십 년 전부터 시골마을에 벽화를 그려 문화관광 콘텐츠를 만드는 게 유행이다. 가장 잘 알려진 동네는 경남 통영 동피랑 같은 곳이다. 수년 전부터는 지자체 마을만들기 사업, 농촌 활력화사업, 도시재생사업 같은 정부 공모사업을 따내 더 다양한 벽화 트렌드를 만들어내고 있다.

　초창기 마을 벽화엔 주로 꽃을 많이 그렸다. 그리고 나무와 십장생, 동화 속 모습, 그 지역 관광지 등도 단골 소재였다. 이후엔 주변 경치와 어울리면서도 의미를 담는 스토리텔링 벽화로 성장했다. 주요 인물이나 전설, 신화, 특산물 등을 벽화 재료로 선정하는 지자체도 늘어나고 있다. 밀양시 상동면 신안마을 벽화에는 칼춤을 잘 췄던 명무 기생 운심을 기리는 벽화가 그려져 있어 눈길을 끌기도 한다. 울진 매화마을에 가면 만화 '까치와 엄지'로 유명한 만화가 이현세 작품을 골목마다 옮겨 놓아 레트로 감성을 자극한다.

　내가 본 마을 벽화 중 특작은 전남 신안 암태도에서 만난 할머니와 할아버지 얼굴 벽화다. 일명 '동백 퍼머머리'라고도 한다. 신

암태도 마을 담벼락에 그려진 '동백 퍼머머리' 벽화

안 천사대교를 건너 암태도로 접어들면 마을 담벼락에 할머니와 할아버지 얼굴들이 즐비하다. 모두 헤어스타일이 동백나무 꽃 퍼머머리다. 마을로 접어드는 길목에 송전탑과 전봇대, 건물이 배경인 담벼락에는 할아버지 2명, 할머니 3명이 인상 좋은 웃음으로 관광객을 맞는다. 가까이 다가가야 헤어스타일 정체를 알아챌 수 있다.

가장 사람들 입에 많이 오르내린 벽화는 노부부 그림이다. 담벼락 안쪽 마당에 심겨 있는 커다란 동백나무 2그루가 두 어르신 벽화의 머리 모양을 연출하고 있다.

처음엔 할아버지는 자신의 얼굴이 벽화로 그려지는 걸 반대해 할머니 얼굴만 그렸는데, 나중에 할아버지도 설득해 부부 벽화가 완성됐다. 원래 담벼락 안쪽 마당엔 할머니 벽화의 헤어스타일 역할을 한 동백나무 한 그루만 심겨 있었고, 할아버지 얼굴 벽화도 완성되면서 할아버지 헤어스타일을 꾸밀 동백나무를 일부러 마당에 심었다고 한다. 이런 노력들이 결국 전국 유명세를 떨치는 마을 벽화 작품으로 승화한 것이다.

암태도 말고도 도초도 춘경말 마을에는 바둑천재 이세돌 어머니가 주인공인 '수국 퍼머머리' 벽화가 유명한데 미처 보지 못하고 섬을 빠져나왔다.

최근 암태도 동백 퍼머머리 벽화 작업에 동참했던 김해 출신 권종대 작가가 김해 봉황대길에 벽화 재능기부를 하고 있다는 소식도 알려져 화제가 되기도 했다.

앞으로 시골마을 벽화는 점점 더 생경하고 기발하며 특이하되 주민들과 상생하는, 관광객에겐 웃음과 치유를 선사하는 콘텐츠로 개발돼 나갈 것이라고 본다. 마을 벽화, 이제는 좀 식상한 문화콘텐츠 아닌가? 하고 의문을 제기해왔던 내게 암태도 어르신 얼굴 벽화는 신선한 충격이었다. 1004개 섬이 있는 전남 신안군은 현재 '1도 1뮤지엄 아트 프로젝트'를 추진 중이다.

삼백 년 원한 품은
'목포의 눈물'

11일차

목포를 통해 신안군이 펼쳐 보여준 섬의 향연을 구경하고 나서 정작 목포를 제대로 보지 않은 것 같아 하루를 더 연장하기로 했다. 국내서 해변에 위치한 몇 안 되는 절경 속 사찰, 여수 향일암에 매료돼 창원이나 김해에서 여수까지 달려갔다가 기왕 나선 김에 목포까지 달려온 적은 있었지만 시내 투어를 나선 것은 처음이다.

시청 근처를 지나 새로 유치한 도청 주변으로 차를 몰자 대단위 아파트가 줄줄이 나오고 관공서와 관련 기관들이 줄을 이었다. 도 단위 기관 하나 움직임에 따른 효과가 얼마나 큰지 실감했다. 그래서 도청, 시청 등 이전을 둘러싸고 그렇게 경쟁이 치열한 것이리라. 도청 주변은 목포 안에 신도시가 들어선 분위기였다.

목포의 역사를 제대로 알기 위해 목포 근대역사관을 먼저 찾았다. 이곳엔 일제 지배가 본격화하기 전인 1897년 부산, 원산, 인천에 이어 4번째로 개항한 항구도시답게 개항 과정으로부터 항일 운동 과정과 그 주역들을 상세히 소개해뒀다. 다른 항구와 달리 목포는 고종의 칙령에 의해 개항된 최초의 항구요, '자주적 개항'이라고 표현한 부분이 눈에 들어왔다. 고종이 외세의 강요에 의해 억

목포 근대역사관

지로 문을 연 것이 아니라 추가 개항으로 관세 수입을 늘려 정부 재정을 확충하려는 자체 판단으로 결정을 했다는 것이다.

　서울의 3·1만세운동 이후 목포 만세운동이 어떻게 전개됐고 누가 주도했는지, 1921년 만국평화회의 개최에 맞춰 다시 만세운동을 조직한 독립운동가들이 소개됐다.

　이 가운데 광주학생운동 도화선이 됐던 박기옥의 사연은 특이했다. 당시 광주여자보통고교에 다니던 그는 기차 통학 중 나주역에서 일본 학생으로부터 희롱을 당했다. 광주학생운동의 도화선이 됐다고 소개된 이 사건 이후 기옥은 시험 거부, 백지 동맹 등에 참여하다 퇴학 조치됐다. 그런데 이후 그는 암태도 소작쟁의 사건 주도자 서태석의 며느리가 됐으니 그는 고교시절 항일운동을 하고 결혼 후 다시 삶의 현장에서 항일독립운동에 참여한 셈이다.

역사관은 또 일제시대부터 지금까지 애창되는 노래 '목포의 눈물' 가사에 숨겨진 사연도 소개했다.

사공의 뱃노래 가물거리며/ 삼학도 파도 깊이 스며드는데/
부두의 새악시 아롱 젖은 옷자락/ 이별의 눈물이냐 목포의 설움/
삼백연 원안풍은 노적봉 밑에/ 님 자취 완연하다 애달픈 정조/
유달산 바람도 영산강을 안으니/ 님 그려 우는 마음 목포의 노래/

가사 가운데 '삼백연 원안풍은'은 원래 '삼백년 원한 품은'이었지만, 일제의 눈을 피하기 위해 우회적으로 표현한 것이라는 설명. 당시로부터 300년 전인 1597년 정유재란 때 이순신 장군이 목포 유달산 노적봉 바위를 짚으로 덮어 군량미처럼 보이게 해 왜군을 물리친 전설에 빗대어 일제의 강압과 수탈에 신음하던 조선 백성들의 울분을 나타냈다고 한다.

목포가 가진 이 같은 역사 때문에 시내 곳곳엔 일본식 주택과 공공건물이 그대로 남아 사람들의 발길을 끌었다.

이 가운데 압권은 일제시대 내화(벽돌) 기술을 익혀 조선내화를 창업했던 성옥 이훈동의 일본식 정원을 갖춘 주택. 개인 소유라 개방되지 않았고 대신 성옥의 삶과 공적을 보여주는 박물관을 구경했다. 그는 언론 자유화가 이뤄졌던 1987년 전남일보사를 설립하기도 했다. 그는 가정이 유복했으면 소리꾼이 됐을 것이라고 스스로 말할 정도로 소리를 좋아했지만 집안의 가난을 보고 기술을 배워 사업에 뛰어들어 성공했다.

저녁엔 목포 바닷가 평화공원으로 나가 갓바위를 구경하고 해

성옥기념관

상 음악분수쇼도 즐겼다. 창원과 김해에서 호수 분수쇼는 봤지만 해상은 처음이었다. 내용이나 형식은 비슷했지만 음악방송처럼 진행자를 두고 참가 시민들로부터 사연을 받아 메시지를 수증기 커튼으로 만든 화면에 띄워주는 것이 참신하고 특이했다. '사랑하는 OO씨와 결혼 OO주년을 축하한다'는 등 사연이 흘렀다. 시민들 세금으로 특이 시설을 만들어 시민들과 관광객들로부터 함께 사랑받는 것은 좋은 일이다.

DJ 단골 횟집서 영양보충 "민어는 여인의 입술"

여순사건 유적지와 천사대교 주변, 암태도 소작쟁의기념비 등을 둘러본 10일차 밤에 목포에 도착하니 피곤하기도 하고 출출하기도 했다. 어디로 가면 맛집이 있을까? 목포 민어의 거리로 향했다. 벌써 어두워 모두 불을 밝힌 횟집들이 줄줄이 손님을 향해 손짓을 하고 있었다. 잠시 고민에 빠졌다가 '영란횟집'으로 정해 들어갔다. 벌써 자리가 꽉 찼다. 코로나 영향은 저리 가라다. 겨우 빈 자리 한 곳을 찾아 앉았다. 이곳의 명물 민어회 한 접시를 시켜놓고 침을 삼켰다. 자리 곳곳에서 구수한 향토 사투리가 섞인 대화들이 오갔다.

배가 고프지만 횟감을 장만할 때까진 기다림이 필요하다. 그렇게 넓지 않은 횟집 내부를 쭈욱 한 번 둘러봤다. 1층에서 2층 다락으로 통하는 벽면에 시화를 비롯해 인증서 등 액자가 여럿 보란 듯이 걸려 있었다. 맨 아래 '민어'란 제목의 시화 액자가 눈에 들어왔다.

> 민어는
> 비린내가 나지 않는다
> 민어는
> 달콤하다
> 민어는
> 훗훗한 여인의 입술이다

민어회를 처음 먹어본 것은 창원시내 '목포○○○'란 상호를 가진 횟집에서였다. 여름철에 웬 회냐, 활어회도 아닌 것이 냉동한 것, 아님 선어회? 온갖 궁금증을 갖고 먹어본 회맛은 의외로 낯설지 않고 미각을 자극하며 괜찮았다. 과연 비린내가 없었다. 그 맛이 달콤하다고 하는 것인 줄은 벽에 걸린 시를 보고 알았다. '훗훗

한 여인의 입술'의 경지까지 이를 자신은 없었으나 여기선 그만큼 사랑받는 음식이라니 기분이 나쁘지 않다.

창원에선 한 접시에 병어회와 민어회가 같이 나와 전혀 다른 두 가지 맛을 음미하며 먹었었다. 병어회는 냉동 상태에서 뼈째로 썰어 맛있게 만든 양념된장에 찍어 먹는다. 반면에 민어회는 참기름을 약간 두른 초장에 살짝 찍어 먹어야 제맛이다.

창원에서 먹어본 회맛을 음미하고 있는 동안 드디어 목포 민어회가 나왔다. 미각을 한껏 돋우며 나온 민어회를 씹으며 시 속의 '민어'를 떠올렸다.

허기를 달래고 난 뒤 다시 벽면을 여유 있게 바라봤다. '대통령의 맛집, DJ의 단골 보양식집'이라 적힌 액자가 에어컨 아래 자리 잡고 있었다. 아마 역대 대통령이 자주 찾던 음식, 음식점을 소개하는 책자에 이 횟집이 등장한다는 내용으로 보였다. 고 김대중 전 대통령의 국회의원 시절 지역구가 목포였으니 자연스러운 연결이다. 그냥 회를 즐겨 먹었다는 것이 아니라 보양식집이라니 민어회에 다시금 눈이 갔다.

그 액자 옆엔 '목포음식 명인 인증서'라 적힌 길쭉한 액자가 달렸다. 2011년 7월 목포시장이 조례 규정에 따라 이 집 사장에게 음식명 '민어회 초무침'으로 명인 인증서를 준다는 내용이었다. 목포에 와서 전직 대통령이 자주 찾았던 집에서 민어회로 보양하고 나니 나그네에게도 왠지 힘이 나는 듯했다.

춤추는 바다분수의
프러포즈

동상이몽(12)

목포엔 예전에도 한두 번 들렀는데 다른 도시로 이동하고자 스쳐 갔을 뿐이었다. 세발낙지가 유명하고, 이난영이 부른 '목포의 눈물'과 유달산만 기억하는 정도였다. 이번 여행에선 목포에서 하룻밤 머물기로 해서 목포근대역사관, 갓바위 같은 관광지와 갓바위 옆 해변에서 밤 8시부터 시작되는 춤추는 바다분수를 구경할 수 있었다. 민어회가 유명한 영란횟집도 들렀다.

강과 호수가 있는 도시에 가면 음악분수가 어스름 여름밤에 시원함과 볼거리를 선사한다. 창원 용지호수 음악분수, 진주 음악분수공원, 김해 연지공원 음악분수를 즐겨 봤다. 음악분수는 아니지만 밀양강 오딧세이 행사 때 볼 수 있는 밀양강을 배경으로 한 실경 멀티미디어도 일품이다.

목포 춤추는 바다분수도 비슷한 유의 분수 쇼다. 조금 차별화된 점은 강이나 호수가 아니라 바다에 분수를 설치한 것, 음악을 다양하게 크게 틀어 웅장한 느낌을 주는 것, 그리고 지역 방송과 연결해 프러포즈를 대신해주는 이벤트가 눈에 띄었다.

누군가 분수 쇼를 할 시간에 프러포즈할 내용을 신청하면, 연

목포 춤추는 바다분수

인에게 하고픈 말을 아나운서가 대신 읽어주고 핵심 프러포즈 내
용을 음악과 함께 분수 표면에 나타내준다. 신청한 연인은 바닷가
벤치에서 방청객이 되어 자신이 프러포즈한 내용을 함께 감상할
수 있다. 나름 기발한 아이디어인 것 같다. 요즘도 야구장에 가면
휴식 시간에 전광판 프러포즈를 하는 이벤트를 하곤 하는데, 음악
분수로 프러포즈를 할 수 있게 아이템을 잡은 건 신의 한 수라는
생각이 들었다.

　29년 전 남편도 프러포즈란 걸 했다. 결혼하기 몇 달 전 마산 창
동의 한 룸카페에서 만났는데, 갑자기 일이 생겼다며 기다려달라
고 하고 나가버렸다. 한 30분 넘게 기다렸던 것 같다. 아까는 점퍼
차림이었던 남자가 양복을 말끔하게 차려입고 한아름 꽃다발을
들고 나타났다. 예상하지 못했던 이벤트에 깜짝 놀라면서도 은근
히 기뻤다.

　"우리가 약혼은 못 하지만 이런 이벤트 정도는 해주고 싶었어

요. 내가 흔들릴 때마다 나를 잡아줄 수 있겠어요?"

정말 오글거리는 멘트였는데, 그때 받아들일 땐 조금 진지한 면
도 없지 않았던 기억이 난다. 나중에 안 사실이지만, 친정아버지
가 엄마와 결혼하기 전 했던 말이 "내가 앞에서 리어카를 끌면 뒤
에서 밀어줄 수 있겠소!"였다고 한다. 너무 웃겨서 기절할 뻔했다.
1966년 31세 남자의 프러포즈 멘트와 26년이 지난 1992년 33세
남자의 프러포즈 멘트가 이렇게도 유사할 수 있을까. 노총각이었
던 장인과 사위의 의미심장함이 비슷했던 것 같다.

다시 광주,
살아남은 자의 몫

12일차

선하게 웃던 의기형 마지막 외침 "동포여…"

아침에 목포를 떠나 광주로 향했다. 애초 해안선을 따라 만나는 땅들의 이야기를 살펴보리라 했건만 전남 해안을 지나면서 광주를 찾지 않을 순 없었다. 광주가 주는 막연한 부채의식 때문에 망월동, 금남로를 두세 번 찾은 적은 있었다. '광주'의 울림이 큰 시기면 경상도에 있으면서 웬지 가봐야 할 것 같은 마음이 들곤 했다. 1980년 봄, 'OOO을 찢어 죽여라'는 현수막을 들고 서울 시내를 누비며 시위를 벌였었다. 그때 광주에서 짬짬이, 은밀히 들려오는 소식은 처참했고 분통이 터지는 일이었다. 선배들이 전해주는 P(유인물)를 읽으며 눈물을 삭이기도 했다. 얼마의 시간이 흐른 뒤 황석영 작가가 공식 출판한 책을 읽으며 한 번 더, 그날 피의 울부짖음을 확인하며 속눈물을 삼키기도 했다. 그 시대 어느 누군들 그날의 참상을 전해 듣고 공분을 느끼지 않은 사람이 있으랴.

광주엔 한 달 전에도 혼자 와 망월동 5·18국립묘지를 찾은 적이 있다. 그날 숨져간 영혼들을 둘러보며 김의기 형 묘소를 참배했다. 대학 선배(76학번)인 의기 형은 평소 몰두했던 농활 관련 일을 하러 그날 5월 18일 광주에 들렀다가 신군부의 만행을 목격했다. 6일간 머무른 뒤 광주에서 벌어지고 있는 참상을 서울 시민들에게 알리기 위해 서울 종로5가 기독교회관에서 유인물을 만들다 건물 6층에서 의문의 추락사로 22살 짧은 생을 마감했다.

당시 타자기로 친 '동포에게 드리는 글' 마지막 부분엔 '1980년 5월 30일 김의기'로 돼 있다. 마치 죽음을 예상하고 각오한 듯 자신의 이름을 떳떳하게 드러냈다. 유인물은 '동포여 일어나자. 마지막 한 사람까지 일어나자. 우리의 힘 모아, 싸움은 역사의 정방향에 서 있다. 우리는 이긴다. 반드시 이기고야 만다. 동포여, 일어나 유신잔당의 마지막 숨통에 철퇴를 가하자'며 서울역 광장에 모여 성전에 몸 바쳐 싸우자는 말로 마무리했다.

형은 내가 1학년 입학 때 4학년이었고 학생 숫자가 많지 않은 학교에서 자연스럽게 모임을 통해 농활을 함께 다녀오기도 했다. 그는 농촌과 농민 문제 전문가였고, 농촌 현장 문제는 물론 작물별 특징 등도 전업 농부 이상으로 훤했던 것으로 기억된다. 학교에선 언제나 흰 고무신을 신고 다녔고, 웃을 땐 흰 고무신보다 더 곱고 흰 이를 모두 드러내놓는 한없이 착해 보이고 앳돼 보이기까지 한 선배였다. 힘든 일도 많고 고민도 많았을 텐데 내가 보았을 땐 항상 만면에 웃음을 담고 있었다. 그러면서 항상 혼자 바쁜 걸음으로 다니는 모습이었다.

군대를 포함해 10년간 서울 생활을 정리하고 고향에 정착해 사느라 의기형 기념사업에도 신경을 못 썼다. 기념사업회가 회원제를 운영하는 걸 뒤늦게 알고 가입했다. 교정에 세운 추모비 앞에서 열린 추도식에도 지난해 처음 참석해 옛 얼굴들도 만났다. 그리고 얼마 후 정화진 작가가 힘들여 쓴 김의기 평전 『의기』를 받았다. 단숨에 읽었다. 벌써 40년. 그때의 맑은 청년, 너무 순수했던 대학생, 광주 참상을 처음으로 서울시민들에게 알려야겠다는 의무감과 말로 표현할 수 없는 고통을 느꼈던 형을 생각하며 몇 번이나 울컥했다. 책을 놓았다가 들었다가.

죄인으로 살아온 '도청 탈출' 김근태 작가의 들꽃

올해(2020년)는 5·18 민주화운동 40주년이 되는 해다. 5·18 최후항쟁지인 금남로 옛 전남도청 뒤에 조성된 국립아시아문화전당을 찾았다. 한땐 광주하고도 금남로란 말만 들어도 가슴이 먹먹하고 그랬다. 지금도 남아 있다. 옛 전남도청은 나중에 보기로 하고 아시아문화전당 전시회부터 둘러보았다. 우선 규모가 적지 않은 데 놀랐다.

지하 1층에서는 5·18 40주년 기념 인터렉션 미디어아트전 '광장: Beyond The Movement'가 열리고 있었다. 천장에 전구가 여럿 달린 반구 형태의 조명기구가 돌아가고 아래엔 우물 같은 공간에 전구 빛이 끊임없이 반복해 반사되고 확산되도록 장치를 해놓았다. 그리고 그 빛은 아래에 도착한 관객의 온몸을 비추었다. 바닥엔 1980년 그해 5월 21일 광주역에서 처참하게 난자된 채 살해된 시민 시신 2구가 발견돼 공분한 광주시민들이 총궐기하게 된 배경을 설명하고 있었다. 전구 몇 개의 빛이 온누리로 번지는 것을 상징하는 것 같았다.

토우 1천 인, 한지조형 1천 인 등과 미디어가 결합한 영상미디어 콜라보 작품 앞에선 한참 걸음을 멈추고 바라보았다. 이는

김근태 화백의 토우 1천 인과 한지조형 1천 인 등과 미디어가 결합한 영상미디어 콜라보 작품

5·18 영혼들에게 드리는 복합융합전시라고도 했다.

　문화전당 안에서 보여주는 모든 예술 행위는 살아남은 자들이 40년이 지나도록 갖고 있는 부채의식, 미안함 등을 풀어내고 남은 생을 살아가기 위한 몸부림이자 자기 생존을 위한 아우성으로 느껴졌다. 3관에 들어서니 약 2분간 그날 시민들을 공포와 죽음으로 몰아갔던 총성과 아우성, 울음, 아비규환 등이 당시 녹음 자료 재생인 듯 보이는 소리와 함께 재연됐다. 군인들이 막아서고 머리만 있고 얼굴도 표정도 없는 형상, 1천 인 토우와 조각들이 당시의 처참한, 인간 세상이기를 포기한 현장을 드러냈다. 천장에 매달려 불안한 모습으로, 팔로, 다리로, 언덕에 기어가는 모습으로, 정지된 모습으로, 그대로 별이 되었다. 그리곤 산 자들의 가슴에 들어와 빛이 되고 살아 움직이는 세포가 됐다.

주제 3관의 설명에 이번 전시 성격이 잘 드러났다.

'그가 40년 전 총을 들고 민주화를 외쳤던 옛 전남도청 그 자리로 되돌아와 전시를 한다는 점. 5·18 마지막까지 함께 못 하고 담 넘어온 동지들에게 용서를 구하고 나아가 김근태 화백의 작품을 통해 5·18의 상처와 정신을 문화 예술적으로 승화시켜 피해 당사자들의 트라우마를 치유하고 화합·희망으로 나아간다는 것.'

기획전 '오월, 별이 된 들꽃'전을 열고 있는 김근태 화백은 5·18 당사자였다. 마지막 날까지 도청을 사수하다 탈출한 부채의식 때문에 괴로워하다 자폐아들을 만나면서 함께 치유 경험을 가졌다고 고백하고 있었다. 그는 스스로 '나는 자폐아다. 그러므로 나는 자유로워질 것이다'라고 선언한 바 있다. 그러나 실제 그는 자폐 장애인은 아니다.

조선대 미대를 나오고 프랑스 유학까지 했고 화가로서 길을 어떻게 갈지, 길을 찾기 위해 자폐하듯 보였지만 모든 문을 열어놓고 고민하고 갈등하다 목포의 작은 섬 고하도에서 지적 장애인 시설을 찾으면서 인생은 급변한다. 그곳 장애 아이들의 맑은 영혼을 들여다보며 이들의 몸짓, 발짓, 표정들을 보고 그리며 그의 방황은 드디어 끝났다. 그리곤 그의 붓끝에서 그림이 비로소 시작됐다.

처음 전시장 입구에 들어설 땐 잘 모르는 작가, 생소한 주제였기에 작가 일생과 노트를 담은 책 등에는 눈길이 가지 않았다. 그런데 작품을 모두 보고 작가의 간단치 않은 삶의 궤적과 깊은 고민의 일부라도 들여다보고 나니 작가의 삶이 담긴 책을 사지 않을 수 없었다. 마침 그때 입구에 작가로 보이는 분이 보였다. 반가운

마음에 인사를 하고 함께 사진 촬영까지 했다. 사진을 찍은 뒤 벽에 붙여놓은 '오월, 별이 된 들꽃'이란 제목의 대형 시화에 자연스럽게 눈길이 갔다.

> 정말 미안하오
> 나만 살고자 도청 담 넘어왔던
> 5월 26일 저녁 7시
> 그날부터 나는 죄인이었소
> 죽지도 못하고
> 나는 밤마다 불나방이 되어
> 헤매는 영혼이었소.
> 글·그림 김근태

(여행을 끝내고 집으로 돌아와 그의 책을 읽으며 몇 번이나 울컥했다. 특히 유엔 전시가 성사되는 과정, 루브르 전시 때 어느 관객이 별세한 장애인 형을 생각하며 '이 그림을 그려줘서 고맙다'며 들려준 사연을 읽었을 때 등 곳곳이 감동이었다.)

전시장을 나온 뒤 좀 쉬고 싶어 찻집을 찾다 전일빌딩으로 올라갔다. 헬기 총탄 자국이 245곳 있어 '전일빌딩 245'로 명명된 건물.

그전에 도로명 주소로 이미 숫자 245가 들어갔는데 정말 신기하게도 245발의 총탄 자국이 발견됐다는 사연도 소개됐다. 길 건너 옛 도청 건물이 선명하게 눈에 들어왔다.

내려와 도청 건물로 들어가 당시 상황을 시간대별로 정리한 자료들을 훑어봤다. 관객이 일행 2명뿐인데도 안내하는 분이 끝까지

전일빌딩에서 바라본 옛 전남도청 광장

너무 친절하게 설명을 해줘서 미안할 정도였다. 항쟁 최후의 '전
사'들, 마지막 순간이 궁금해 질문을 주고받았다. 그렇지만 그냥
지나간 '사건'처럼 묻는 것 자체가 죄스럽기도 했다.

건물 밖 도로변 가드레일에는 항쟁 당시 신군부의 군대 이동,
시민 학살 등을 미국이 방조, 추인, 승인했다는 증거 등을 드러내
며 '미국은 광주학살 승인 책임지고 사과하라'고 적은 현수막이
걸려 있었다.

◆ 광주항쟁과 끝없는 '가짜뉴스'

5·18기념재단 자료에 따르면 '5·18 민주화운동'은 1980년 5월 18일부터 27일 새벽까지 열흘 동안, 전두환을 정점으로 한 당시 신군부 세력의 진압에 맞서 광주시민과 전남도민이 '비상계엄 철폐', '유신세력 척결' 등을 외치며 죽음을 무릅쓰고 민주주의 쟁취를 위해 항거한 역사적 사건을 말한다. 항쟁 기간 22~26일은 시민 자력으로 계엄군을 물리치고 광주를 해방구로 만들어 세계사에서 그 유래가 드문 자치공동체를 실현하기도 했다고 평가된다.

계엄군에 진압당한 이후 5·18민주화운동은 한때 '북한 사주에 의한 폭동'으로 매도당하기도 했다. 진상규명을 위한 끈질긴 투쟁으로 1996년에는 국가가 기념하는 민주화운동으로, 2001년에는 관련 피해자가 민주화 유공자로, 5·18 묘지가 국립5·18 묘지로 승격돼 그 명예를 온전히 회복했다.

5·18민주화운동 관련 피해자 보상을 위한 '광주민주화운동 관련자 보상 등에 관한 법률'이 1990년 8월 6일 제정돼 7차에 걸쳐 보상을 실시했다. 재단 홈피에 따르면 2018년 12월 현재 민주화운동 관련 보상 신청자는 모두 9227명이었고 이 가운데 5807명에게 보상이 이뤄졌다. 이 가운데 5월 당시 사망으로 223명이 신청, 실제 보상은 155명에게 이뤄졌다. 상이 후 사망자로는 140명이 신청, 113명이 보상 처리됐다. 행방불명자로는 448명이 신청해 84명이 보상을 받았다. 상이나 연행 혹은 구금자로는 5928명이 신청했

다.

유네스코는 2011년 5월 5·18민주화운동기록물의 세계기록유산 등재를 최종 발표한 바 있다. 이를 5·18민주화운동기록관은 자신과 가족의 생명을 지키기 위해 불의한 국가권력에 저항했던 광주 시민들의 고귀한 희생정신을 인권과 민주주의에 대한 확고한 신념으로 국제사회가 공인한 것이며, 5·18민주화운동에서 나타난 인류의 보편적 가치인 인권, 민주, 평화의 정신을 지구촌 모든 사람들과 공유할 수 있다는데 큰 의의가 있다고 평가했다.

5·18이 법률에 의해 민주화운동으로 인정받았지만 일각에서는 여전히 악의적으로 왜곡하는 짓을 멈추지 않았다. 대표적인 내용이 '광주사태는 소수의 좌익과 북한에서 파견한 특수부대원들이 순수한 군중들을 선동하여 일으킨 폭동이었다'라는 것이다. 특히 무기고 탈취가 북한군 소행이라고 주장하기도 했다.

이와 관련해 재단은 5·18에 대한 국가적 조사는 항쟁 직후 계엄사 발표, 1985년 국방부 재조사, 1988년 국회 청문회, 1995년 검찰 및 국방부 조사, 1996~1997년 재판, 2007년 국방부과거사위원회 조사 등 6차례 있었는데 북한군이 대대 규모로 침투했다는 증거나 정황은 한 번도 발표된 바 없었다고 밝혔다.

전두환 신군부도 5·17비상계엄 확대 이전부터 끊임없이 북한의 남침설을 유포했다. 한국민들의 '레드 콤플렉스' 심리를 이용, 국민들과 시위대 간 심정적 분리를 유도하고, 신군부 세력의 집권을 위한 빌미로 북한을 끌어들인 것이라고 재단 측은 분석했다.

암울했던 중학생의
1980년

동상이몽(13)

1980년 5월 광주는 암울했다. 모르긴 해도 대한민국 전체가 암울했을 것이다. 하지만 한 중학생의 1980년도 암울했다. 그래서 난 광주민주화운동에 대해 대학을 졸업하고서야 구체적으로 알게 됐다.

1980년 나는 중학교 2학년 열네 살이었다. 그리고 이때 엄마는 창원 대기업 근처 조그만 동네 상가 2층에 식당을 차렸다. 먹고살기 위해서였다. 경제력 없는 아버지만 믿고 있다간 다섯 식구가 쫄쫄 굶게 생겼고, 아이 셋도 제대로 교육시키지 못하겠단 판단을 한 것이다.

아버지는 총각 때부터 폐병으로 고생하다 엄마와 가정을 꾸렸다. 당시로선 매우 드물게 사범대학까지 다녔지만 관운이 없어 결혼을 하고서도 변변한 직장을 잡지 못하다가 인천 건설업체에서 일했다. 그러다 서울에서 엄마와 시멘트 공장을 하게 됐지만 아버지 친구의 배신으로 공장 문을 닫고 창원공단 한 회사 총무과장으로 오게 됐다. 하지만 직장 생활이 순조롭지 않았는지 몇 년 뒤 관두게 되면서 식당 경영(?)에 합류했다.

엄마는 생활력이 강했다. 아버지가 직장을 옮길 때마다 힘겹게 가정을 꾸리면서 삼남매를 키워냈다. 창원으로 와서는 식당을 차리기 전에 보험판매원으로 일하기도 했다. 내성적이고 남을 잘 설득하지도 못하는 성격에 보험판매원 일을 하려니 적성에 맞지 않고 버거워했다. 그래서 손맛이 있는 엄마 장기를 살려 식당 개업을 한 것이었다.

나의 암울한 생활은 이때부터였다 해도 과언이 아니다. 중학교 2학년이면 한창 사춘기일 무렵인데, 식당일로 바쁘고 피곤한 엄마 일을 도와야 했기에 장녀인 나는 하교하면 바로 식당으로 달려가야 했다. 저녁 장사를 준비하는 엄마를 돕고 나서 집에 가서 남동생과 여동생 저녁을 먹이고 돌보는 쳇바퀴 도는 생활이 시작됐다.

식당 일은 시도 때도 없고, 정해진 분량도 없으며, 쉴 시간도 많지 않았다. 식사도 제때 못 했다. 지금도 밥 먹는 속도가 무척 빠른 이유다. 중학생인 내게는 손님을 맞이하고 밥을 차려 나르고, 상을 치우고 설거지하는 것까지 너무나 고된 노동이었다. 그래도 군말을 할 수 없었고, 짜증을 낼 수 없었다. 식당에서 번 돈으로 책을 사주고 용돈도 줬으니. 그렇다 해도 원했던 대학 진학도 못한 그 시절 우리 집 살림살이와 시스템을 원망한 적이 많았다.

이런 암울한 시기는 대학시절은 물론 직장에 가서도 지속됐고, 결혼을 하고 첫 아이를 낳기 직전에 끝이 났다. 엄마가 식당 문을 닫고 다른 자영업을 선택한 것이다. 이런 탓에 난 지금도 '아무리 가정경제가 어려워지고 돈이 없어도 식당은 하지 말자'는 아집 같은 철학을 갖고 있다. 또 식당 경영하는 이들의 어려움을 잘 알기에 절대 식당에 가서 반찬 투정을 하거나 불편한 이야기를 내뱉지 않는다. 식당 음식이 맛이 없으면 다음에 그 식당을 가지 않으면 그만이다. 엄마가 까탈스러운 손님들로 말미암아 가슴 아파하고 스트레스가 쌓였던 걸 기억하기 때문이다. 때로는 이런 스트레스가 엄마에게 화를 돋웠고, 화병이 폐암으로 진전된 것 아닌가 의심하기도 한다. 1980년은 내게 그런 해였다.

광주 국립아시아문화전당 야외 조각작품

'광주의 아버지'와
철학자의 집 '호접몽가'

13일차

김구 선생이 존경했다는 오방 최흥종

광주를 간다고 하니 친구 최진석이 '광주의 아버지'라며 꼭 찾아보라고 소개해준 최흥종(崔興琮) 선생 기념관을 찾았다.

1880년생, 19세기 말에 태어난 인물이다. 광주에서 나 청년시절 한때 주먹쟁이로 살다가 기독교에 눈을 뜬 후 대한제국 순검으로 공직생활도 잠시했지만 국채보상운동가들을 잡아들이는 데 염증을 느끼고 그만뒀다.

그리곤 벨 목사로부터 세례를 받은 후 한센병 환자 구제, 3·1운동 참가 투옥, 광주 YMCA 창립 주도, 1921년 광주북문밖교회(광주중앙교회) 초대 목사 취임, 시베리아 선교사 파견, 건준 광주지회장 등을 지냈다. 평생 자신보다는 낮은 곳을 바라보며 산 사람.

그는 '가사에 방만(放漫, 가족에 나태함), 사회에 방일(放逸, 사회에 안일함), 경제에 방종(放縱, 재물에 예속됨), 정치에 방기(放棄, 원칙 없이 포기하는 것), 종교에 방랑(放浪, 옮겨다니는 것)' 등 5가지를 경계한다는 의미에서 호를 '오방(五放)'이라고 했다.

해방 후 격동기인 1948년 4살 위인 김구가 70대 노구를 이끌고

오방 최흥종 선생 기념관

무등산까지 그를 찾은 이야기는 유명하다.

　김구는 오방을 만난 후 서울에서 편지와 함께 '다른 사람을 아는 사람은 지혜로운 사람이요, 자신을 아는 사람은 총명한 사람이다. 남을 이기는 사람은 힘 있는 사람이지만 자신을 이기는 사람이 진정으로 강한 사람이다(知人者智, 自知者明, 勝人者有力, 自勝者强)'라는 노자 도덕경 구절을 보냈다. 편지 말미에는 '최흥종 노선생 존념(崔興琮 老先生 存念)'이라고 써 존경의 뜻을 표했다고 한다.

　오방은 주위 권유에도 불구하고 결코 정치에 나가지 않았다.

　1935년 3월 17일 일제에 의해 신사참배가 강요되자 오방은 모든 외부활동을 중단하고 지인들에게 '사망통지서'를 발송해 주변을 놀라게 했다. 당시 신사참배를 결의한 한국교회를 향해서는 '교회의 반성과 평신도의 각성을 촉구함'이란 메시지를 발표했다. 이후 모든 공직에서 물러나 무등산에 칩거하며 병자와 빈민들을 위한 활동에 전념했다. 1965년 유서를 작성, 1966년 100여 일

을 금식한 후 숨을 거뒀다. 당시 광주
의 모든 학교에 휴교령이 내려진 가운
데 첫 '광주사회장'으로 장례식이 거행
됐다.

오방 선생을 소개해준 친구 최진석
은 광주를 말하다 "광주사람들은 5·18
을 말하기 이전에 최흥종부터 이야기
하는 게 맞다. 그래야 5·18의 격이 더
올라간다"고 했다. 광주 분위기를 잘
은 모르겠다만 오방의 삶을 알게 된
것은 기분 좋은 일이었다.

오방 최흥종 선생

철학자의 집 '호접몽가'가 품은 뜻은

오방 선생과 만남을 끝으로 광주를 뒤로하고 친구 최진석 교수
의 함평 집으로 향했다.

내 기억에 함평은 고교시절 잡지『대화(對話)』에서 본 고구마 수
매 사건이 일어난 곳 정도로 남아 있었다. 이는 1976년부터 다음
해까지 농협이 고구마를 전량 수매하겠다고 약속해놓고 이를 어
겨 홍수 출하 등으로 큰 피해를 보게 된 농민들이 가톨릭농민회
를 중심으로 지도부 단식 등 전국적 투쟁을 벌인 끝에 결국 보상
을 받아낸 사건이다. 이 사건을 계기로 정부 조사 결과 농협의 부
정 비리를 밝혀내고 수백 명을 징계·해임했다. 나중에 50, 60년대
공백을 깨고 농민운동의 새 장을 열었다는 평가를 받았다. 2020년
함평에서 이 사건의 흔적은 찾지 못했다.

최 교수의 호접몽가(胡蝶夢家)는 유명 건축가에 의뢰해 지어서인지 뭔가 기존 주택이나 학숙과는 모양새나 개념이 전혀 다른 듯했다. 건축은 아버지가 사시던 주택을 개조한 살림집과 장자에서 따와 '호접몽가'로 이름지은 작은 학교 등 두 채로 이뤄졌다.

대문을 열고 들어서면 우선 앞에 호접몽가가 나타나는데 오른쪽 담벼락이 구멍 쑹쑹 뚫린 벽돌로 이뤄진 점이 눈에 띄었다. 이 건물은 특이하게 겉보기에도 재질이 종이가 확실한 기둥이 지붕을 받치고 있었다. 블록 구멍을 막지 않고 그대로 둔 벽에 대해선 '유무상생(有無相生)'이란 노자의 기본 사상과 결부시키는 집주인의 설명이 따랐다. 건축주는 건축가에게 노자의 도가사상을 표현한 건축을 하고 싶다는 기본 개념만 제시하고 나머지는 일체 간여하지 않았다고 한다.

최 교수는 중국 북경대에서 노자 사상으로 학위를 하고 모교인 서강대에서 강의를 해왔다. 그러다 청년들을 위한 새로운 형태의 교육 필요성을 느끼고 '학교 밖 학교'인 건명원 건립을 주도한 뒤 정년 7년을 남겨놓고 돌연 대학을 그만뒀다. 지금은 건명원도 정리하고 철학공동체 '새말새몸짓' 이사장을 맡고 있다. 고여 있다는 것, 정체돼 있다는 것을 못 참는 듯한 그의 방식은 그의 철학에도 그대로 녹아 있는 것 같다.

호접몽가는 새말새몸짓 기본학교로 지은 것이다. 6개월에서 1년 과정으로 새로운 방식으로 사유를 하고 새롭게 살 수 있는 훈련을 하도록 해주겠다는 생각인 것으로 보인다.

그의 집을 구경하고 차 한잔한 다음 연포탕과 낙지초무침이 나오는 집에서 사주는 점심을 맛있게 먹었다. 서울서 대학원을 다닌다는 부인도 나중에 동석했다. 바닷가로 자리를 옮겨 차를 한 잔 더 하며 회포를 풀고 헤어졌다.

변산반도로 방향을 잡았다가 함평에 상해임시정부를 재현한 곳이 있다는 이야기가 불현듯 생각나 중간에 내렸다. 마감이 임박해 문을 닫으려는 직원에게 양해를 구하고 급히 한 바퀴 돌아보았다. 대략 짐작은 한 분위기지만 생각보다 고증에 신경을 쓰고 자료도 많이 비치했다.

일제의 고문기구와 비명소리가 그대로 들리는 듯한 분위기도 재현해놓았다. 김구 선생 집무실도 고증을 해 옮겨놓았다. 건물 밖으로 나오니 함평이 낳은 독립운동가 김철 생가터가 붙어 있었다. 안중근 장군 동상, 김철의 행적 비석 등을 둘러봤다.

내가 만약
집을 짓는다면

동상이몽 (14)

　남편 대학 친구인 최진석(새말새몸짓 이사장) 전 서강대 교수가 그의 고향인 함평 향교슈퍼 사진을 보냈을 때 난 곧바로 가고 싶은 마음이 솟구쳤다. 동네의 오래된 향교슈퍼를 직접 찍은 사진과 그 슈퍼를 보고 그린 작품 '향교슈퍼'를 함께 보여주니 호기심이 발동했다. 전국 시골마을에 있는 오래된 동네슈퍼만 그리는 작가의 작품집을 사서 본 적 있어서 더 심쿵 했다. 실제 향교슈퍼 모습은 어떨까.

　함평 대동마을로 들어서니 함평향교 앞에 향교슈퍼가 나타났다. 그림과 대조를 해 보니 딱 맞다. 6월에 갔더니 가을을 담았던 그림과 좀 다른 것은 은행나무였다. 그림엔 나무가 노랗게 물들었는데, 실제 보이는 슈퍼를 지키는 나무는 초록빛이었다. 신통방통했다. 어쩌면 이렇게 똑같이 자연을 묘사할 수 있단 말인가. 시간이 조금 났다면 향교 앞에 스케치북을 펼치고 나도 펜으로, 아니면 색연필로 작가처럼 향교슈퍼를 그려보면 좋겠다 싶었다. 조금만 시간이 있었다면 정말로.

　최 교수 댁 '호접몽가'는 노자 사상을 담아 건축해서 동양적인

미가 돋보였다. 건물 벽도 시멘트가 아니라 종이 재질로 시공하고, 벽 너머로 다른 공간과 자연 경치를 볼 수 있고 바람도 통하게 하는 구조들이 눈길을 끌었다. 최 교수 아버지가 남기고 가신 고향 집을 지키려는 아들의 효심도 느껴졌다.

문득 내가 만약 지금 내 집(아파트가 아닌 주택)을 짓는다면 어떻게 지을까 궁금해졌다. 난 너무 산골이 아닌 근교를 선택할 것이다. 편리성은 도모하되 자연이 함께 공존하는 느낌을 선호할 것이고, 화려하진 않지만 정갈하고 센스 있는 디자인의 인테리어를 고집할 것이다. 생활 동선을 편리하게 설계하고, 부엌과 거실은 구분하면서도 구분돼 보이지 않게, 남편 방과 내 방을 각각 자신 스타일에 맞게 꾸밀 것이다. 아크릴화, 색연필화, 데생을 맘대로 할 수 있는 미술 도구가 있고, 패션 잡지와 다양한 패션 디자인을 해볼 수 있는 공간도 만들 것이다. 취미생활을 하거나 책을 읽다가 잠시 쉴 공간, 차 한 잔 편히 마실 공간도 두고 싶다. 굳이 텃밭을 두고 싶진 않다. 마당이 그리 넓지 않아도 족하다. 거실과 부엌 창은 넓고 큰 통유리가 좋겠다. 지붕 색깔은 진한 청록색, 다른 자재 색깔은 오크색으로 세련되게 칠하고 싶다.

지인들이 집을 지어 자랑하거나 색다른 느낌으로 설계한 건축물을 보고 있으면, 지을 생각도 없던 내 집 설계를 구상하곤 한다. 마치 가상현실 안경을 끼고 내가 집을 짓는 과정을 보는 것처럼. 누구나 남이 지어 놓은 규격화된 아파트보다 내 방식대로 지은 집에 살고픈 욕망이 잠재하고 있기 때문일지도 모른다. 실제 집을 지어볼 여력이 안 되는 사람들을 위해 증강현실 집짓기 도구가 나오면 좋겠다.

새만금의 꿈과 현실,
부안 내소사 '소생'

14일차

함평 친구를 만나고 영광과 고창을 지나 부안군 변산반도로 들어섰다. 단군 이래 최대 국책사업으로 불렸던 새만금 간척지 사업 상황을 한눈에 볼 수 있는 홍보관을 둘러봤다.

"고군산군도(古群山群島)의 물이 300리 밖으로 물러나면 이곳이 천년 도읍이 된다"

정감록(鄭鑑錄)은 삼국시대부터 고려시대를 거쳐 조선시대까지 전승돼온 예언서다. 여기에 수도가 송악에서 한양으로, 한양에서 계룡산으로, 계룡산에서 가야산으로 바뀌고, 다시 서해 고군산군도가 천년 도읍지가 된다는 예언설이 있다고 한다. 새만금홍보관에 가면 볼 수 있는 내용이다.

새만금은 군산과 부안을 연결하는, 세계에서 가장 긴(33.9km) 방조제를 축조해 거대한 면적의 간척토지를 조성하는 것은 물론 관광, 항만 개발도 꾀한다는 거대 프로젝트였다.

세계 최장 방조제는 한국 토목 기술이나 국력의 상징처럼 보이기도 했지만 사업이 시작된 지 30여 년이 지난 지금까지도 토지 용도와 수질 개선 등을 놓고 논란이 이어지고 있다.

채석강

　새만금 현장을 찾은 날 거대한 토목공사 현장엔 안개가 자욱했다. 장관일 것 같은 새만금 전모를 직접 보질 못해 섭섭했다.

　새만금을 떠나 변산반도 서쪽 해식절벽으로 유명한 채석강을 찾았다. 채석강은 퇴적층이 파도에 의해 침식돼 생긴 해식절벽과 해식동굴이 장관을 이루는 변산반도의 대표적 명소다. 바닷물에 깎이고 퇴적한 절벽을 보고 있노라면 마치 수만 권의 책을 쌓아놓은 듯한 느낌을 받는다. '채석강(彩石江)'은 중국 이태백이 배를 타고 술을 마시다가 강물에 뜬 달을 잡으려다 빠져 죽었다는 채석강과 비슷하다고 해 붙여진 이름이다.

　이곳은 지구과학적으로 중요하고 경관이 우수, 잘 보전해 교육·관광 사업 등에 활용하기 위한 국가지질공원으로도 지정됐다. 전북서해안권 지질공원 가운데 부안은 적벽강, 채석강, 솔섬, 직소폭포 등이 포함된다.

　일요일이어선지 코로나 시국인데도 사람들이 꽤 많았다. 유명세를 탄 바지락칼국수집에는 발 디딜 틈이 없었다. 채석강 해변에도 사람들이 적지 않았다. 자연의 힘은 오묘했다.

이어 변산반도 남쪽, 세봉 아래에 자리한 내소사(來蘇寺)를 찾았다. 사찰 이름은 '이곳을 찾은 모든 이들 새롭게 소생하라'는 뜻을 지녔다고 한다. 날씨는 제법 더웠지만 일주문을 지나 천왕문 앞까지 1km 조금 못 미칠 것 같은 숲길은 탐방객을 편안하게 만들어 줬다. 적당한 그늘이 있는 데다 가늘고 곧게 뻗은 전나무들이 공기마저 청량하게 만든 듯했다.

전나무 숲길이 끝나는 지점에서 천왕문까지 짧은 길은 단풍나무와 벚나무가 터널을 이루고 있어 봄·가을이면 환상적인 장면을 만들어낼 것 같았다. 속도를 늦추고 그늘을 밟으며 걷다 보니 낭랑한 목소리로 들려주는 스님의 찬불가가 귓전에 와닿았다.

경내에 들어가니 복스럽고 품위가 느껴지는 큰 나무가 눈에 들어왔다. 자태가 너무 좋아 멀찌감치서 사진부터 찍고 가까이 가니 놀랍게도 수령 천년을 자랑하는 느티나무였다. 사방을 돌아가며 사진을 찍고 요모저모 살폈다. 천년을 한 곳에 서서 오는 이, 가는 이를 지켜보고 이 나라 영욕의 역사와 함께했다니… 새삼 경외감이 밀려들었다.

사찰을 벗어나 밖으로 나오니 사찰 안 1천 년 나무를 지켜주듯 700년 된 할아버지 당산이 있었다. 안에 있는 것은 할머니 당산이라고 했다.

세계 최강 방조제 조성은 했지만

새만금개발청 자료를 보면 새만금은 군산~부안을 연결하는 세계 최장 방조제(33.9km)를 축조해 간척토지(291km)와 호소(118km)를 조성하는 사업이다. 또한 방조제 외부 고군산군도 3.3km와 신항만 4.9km 등을 개발하고 경제와 사업, 관광을 아우르면서 동북아 경제중심지로 비상한다는 구상을 담은 국책사업이다.

사업비는 국비 10조 9000억 원, 지방비 9000억 원, 민간자본 10조 3000억 원 등 모두 22조 2000억 원이 투자될 계획이다. 사업이 마무리되면 총 유발인구는 75만 9000명, 새만금 사업지역 내 29만 명을 수용한다는 구상이다.

'새만금'이란 말은 전국 최대 곡창지대인 만경평야와 김제평야가 합쳐져 새로운 땅이 생긴다는 뜻으로, 만경평야의 '만'(萬)자와 김제평야의 '금'(金)자를 따고 '새'를 붙여 만들었다.

새만금이라는 지역명이 알려지게 된 것은 1987년 7월 정부가 '새만금 간척 종합개발사업'을 발표하면서부터다. 당시 정부는 대선을 앞둔 시점에 '단군 이래 최대 규모 간척사업'을 공약으로 내놓았다. 그러나 새만금은 이때부터 수많은 우여곡절을 겪는다. 1991년 방조제 착공 이후 몇 년간 순조롭게 진행되던 새만금사업은 1995년 환경 문제가 본격 거론되면서 논란의 중심에 섰다. 이후 10여 년간 환경단체와 종교계, 그리고 지역 주민들을 중심으로 한 시위와 소송 등에 휘말렸다.

그러다 2006년 대법원 승소 판결을 받으면서 지리한 법정 공방을 마감하고, 20년간 대역사를 통해 32.5km의 네덜란드 쥬다찌(Zuiderzee) 방조제보다 더 긴 방조제를 2010년 4월에 준공했다. 2010년 8월 2일 기네스북에도 등재됐다.

개발청은 홈페이지에 '지금은 모든 갈등과 대립을 극복하고 녹

새만금 동진3공구 방수제 공사 현장(새만금홍보관 제공)

색성장 시범지역으로서 가장 환경친화적인 사업을 추진하고 있
다'고 밝히고는 있다.

2021년 새만금개발계획은 2단계 마스터플랜 변경 시점을 맞아
'그린뉴딜' 중심지로 조성한다는 구상을 담을 예정이지만 수질 개
선 등을 놓고 논란은 계속될 조짐을 보이고 있다. 새만금을 애초
계획대로 담수화를 유지할 것인지, 해수 유통을 전제로 한 수질
관리에 무게를 둘 것인지가 논란의 핵심이다. 현재 문제로 제기된
수질 개선에 초점을 맞춰 해수를 유통시키는 방향으로 할 경우 담
수화와 현행 관리수위(-1.5m)를 전제로 한 SOC사업이 차질을 빚
을 수 있다는 우려가 제기되는 것이다. 이는 정부와 지자체가 대립
하는 모양새를 보일 수도 있는 대목이다.

마스크 쓴 '바다의 여인', 썰물에 열린 간월암

15일차

14일 오후 부안을 떠나 김제, 군산, 서천을 지나 보령 대천해수욕장 인근에 숙소를 잡았다. 군산 등에 볼거리가 많았지만 따로 한 번 간 적이 있고 여정이 바빠 이번에 생략했다. 대천 해수욕장은 과연 컸다. 해안선이 해운대보다 훨씬 더 길어 보였다. 숙소 가까운 가게를 둘러보다 조개찜을 맛있게 먹었다. 가게 안엔 좌석이 100석은 넘어 보였지만 4분의 1도 차지 않았다. 여름이 시작돼 성수기 한철 장사를 해야 할 시기지만 쭈욱 늘어선 가게 가운데 한 곳 정도만 붐볐다.

5일 아침에 다시 나가 보니 거리 분위기나 가게들 숫자로 볼 때 코로나가 없던 시절 한여름엔 얼마나 인파가 몰렸을까 짐작이 갔다. 백사장 뒤편에 호텔과 조개구이집이 끝없이 이어져 있었다. 손님이 뜸한 월요일이긴 하지만 호객를 하는 가게 상인들 목소리가 애처롭게 들렸다. 목소리에는 힘이 없어 보였다. 전날 저녁 식사를 했던 가게는 '아침 식사 합니다'라고 크게 붙여 놓았는데, 오전 9시를 훨씬 넘겨도 문을 열지 않았다.

해수욕장 입구에 세워둔 '바다의 여인상'과 사자석상 모두 마스

대천해수욕장 '바다의 여인상'이 마스크를 쓰고 있다.

크를 쓰고 있는 모습을 보노라니 현재 상황이 새삼 짐작이 갔다.

아침 산책길, 백사장에선 끝없이 밀려드는 해초 청소에 여념이
없었다. 중장비와 트럭, 인력을 동원해 관광객들이 찾기 전에 수거
해야 하는 것이다. 구멍갈파래와 괭생이모자반으로 불리는 이 해
초는 제주와 남해를 비롯해 전국 해안으로 몰려들고 있어 지자체
에서 골머리를 앓고 있었다.

썰물 때 모습 드러낸 간월암, 달 보고 깨치다

대천에서 태안으로 가기 전 중간인 서산 바닷가 간월암을 찾았
다. 고려말 무학대사가 이곳에서 수도하던 중 달을 보고 도를 깨
우쳤다고 한다. 1941년 사찰을 중창했던 만공선사는 이곳에서
1000일 기도를 올린 끝에 조국 해방을 맞았다고도 한다. 작은 무

인도에 자리 잡은 암자는 밀물 때는 길이 없어져 섬이 되고, 썰물 때라야 길이 열려 접근할 수 있었다. 마침 물이 빠지는 시각이어서 암자로 접근할 수 있었다.

암자 마당 한가운데는 250년 된 사철나무가 자리하고 있었다. 건너편 소나무는 어느 분재보다 아름다운 가지를 옆으로 드리우고 있었다. 사찰은 대웅전을 비롯해 구석구석 어느 한 곳 군더더기 없는 작품처럼 잘 가꾸어놓았다. 여느 사찰처럼 기념품 가게와 불전함도 있었지만 시설이나 분위기 모두 넘침이 없어 비불교도 관광객들의 시선을 끄는 데도 손색이 없을 정도로 아담하고 아름다웠다.

머무는 시간이 짧다 보니 아쉬움에 구석구석 사진을 찍느라 오히려 건성으로 구경하는 느낌이 들었다. 주차장으로 물러나 다시 간월암을 건너다보며 사진으로 더 담고, 실물도 한참을 더 쳐다보곤 천천히 물러났다.

안면도 하룻밤과 펜션 인테리어 취향

동상이몽(15)

변산반도를 지나 안면도 방향으로 가는 길에 간월암이 경치가 좋다고들 해서 가보기로 했다. 정말 큰 기대 없이 간 곳인데, 묘한 매력이 있었다. 주차장에서 바라보는 간월암은 바다에 떠 있는 조그만 섬 같았다. 실제 바닷물이 들어오는 시간엔 간월암으로 통하는 길이 잠겨 간월암으로 다가갈 수가 없다고 한다. 다행히도 우리가 도착한 시간엔 간월암이 뚫려 있었다. 썰물 시간인 모양이다. 물때가 맞아서 행운이었다.

간월암 들어가는 좁은 문으로 고개를 내밀면 바다가 먼저 훅 들어온다. 간월암 바깥을 쭈욱 한 바퀴 돌아볼 수 있는 구조로 돼 있어서 동에서 서로 바다를 계속 조망하면서 다양한 경치를 즐길 수 있다. 정중앙에 놓인 의자에 걸터앉아 무심히 서해를 바라보는 운치도 빼어나다. 바다를 끼고 돌아 내부로 들어서면 각양각색 야생화들이 대웅전 앞에 펼쳐진다. 꽃과 바다와 바람에 흔들리는 나뭇잎, 그리고 흔들리는 내 마음까지 모두 셔터로 눌러본다.

모세의 기적 같은 설렘은 통영 소매물도 등대섬에서도 경험했다. 이런 설렘은 물때를 챙기는 게 최우선이다. 물이 들어오려는

썰물 때만 들어갈 수 있는 간월암

때에 방문하게 된다면 두려울지도 모르겠다. 가보지 못한 제부도
는 그 두려움으로 인식된 곳이다. 어떤 단편 드라마에서 바닷길이
뚫렸을 때 자가용을 타고 제부도로 들어간 남자가 바닷물이 들어
오는 시간에 자가용을 타고 뚫렸던 길로 나오다가 물에 잠겨버리
는 장면이 나온다. 그가 미처 그 길을 빠져나오지 못했다는 느낌
보다 일부러 밀물 시간을 선택했다는 느낌이 강했다. 이 드라마는
지금까지 모세의 기적 같은 공간을 만날 때마다 '파블로프의 개'
실험처럼 뇌리에 되살아난다.

   안면도 꽃지해변에 가면 꼭 먹어야 할 음식으로 게국지가 꼽힌
다. 인터넷에서도 하도 성화를 하기에 게국지 맛집을 찾아보기로
했다. 한때는 관광객이 엄청 많았는지 주차장들이 넓어도 너무 넓
었다. 한 군데 맛집을 찾아 게국지를 시켜 맛을 봤다. 꽃게에다 신

김치와 야채 등을 넣어서 끓인 요리였다. 그런대로 먹을 만했지만 그다지 내 입맛엔 맞지 않았다. 약간 비릿하고 꽃게를 발라먹는 것도 귀찮았다. 꽃게다 보니 값도 저렴하진 않았다. 원래 그 지역 특산물은 조금 저렴해야 하는 게 이치에 맞지 않은가. 그 지역에서 가장 많이 나는 것이니.

꽃게뿐 아니라 딱딱한 갑각류 요리를 먹는 건 약간 나에겐 두려움이다. 예전 낙남정맥 트레킹 마지막 날 등산화 끈을 밟으면서 이가 부러져서 앞니 4개를 보정했기 때문에 게 요리를 잘 먹지 않는 징크스가 생겼다. 게국지가 그날 썩 맛있게 다가오지 않은 건 그런 이유도 한몫했다.

태안 기름 유출 사건으로 유명한 안면도 해수욕장 근처에 있는 보령시 원산도. 처음 들어본 지명이다. 머드 축제로 이름이 알려진 대천해수욕장과 원산도를 잇는 해저터널(2021년 말 개통 예정, 총 연장 6.9km, 왕복 4차로)이 만들어지고 있다고 해서 원산도대교가 멀리 보이는 안면도에서 하룻밤 묵기로 했다.

섬이고 갯벌 가득한 서해라 펜션들이 즐비했다. 일몰이 괜찮다는 펜션에 당도했다. 늘 인터넷으로 봤던 숙소와 실제 숙소는 약간의 괴리감이 있다. 컴퓨터 화면으로 소개됐던 펜션 내부 인테리어 색상 중 파랑색 톤을 선택했는데, 생각보다 진하고 화려했다.

숙소 인테리어에 적잖은 비중을 두는 편이다. 호텔이든 펜션이든 리조트든 민박이든 한옥이든 저마다 분위기와 감성을 간직하고 있다.

호텔은 주로 무채색이 무난하다. 화이트색이 넓어 보이면서 깔끔해서 선호한다. 검정과 은회색도 괜찮고, 베이지나 아이보리 톤도 좋아라 한다. 베이지 톤이 강해서 월넛 풍이어도 묵직한 느낌이 있어 나쁘지 않다.

비호감인 색은 핑크와 빨강이다. 핑크나 빨강은 아주 세련되거나 주위 풍경, 숙소 감성과 어우러지는 콘셉트라면 심사숙고해 볼 수도 있지만 대부분 선택에서 제외한다. 내 기준으로 촌스러움의 극치를 자아내는 핑크나 빨강톤 벽지에 침대 커버, 가구, 주변 소품까지 깔맞춤 했을 땐 오글거리기 일쑤다. 취향이 맞지 않은 탓이다.

그나마 파랑색 톤은 여름 여행을 갔을 땐 봐줄 만하다. 시원한 느낌으로 다가오니. 연두와 초록을 매우 좋아하는데도 숙소 내부 배경이 연두나 초록인 것은 그다지 감동으로 와닿진 않는 것도 참 요상한 일이다.

원산도 펜션은 아주 낡았지만, 주황색 지붕에 흰색 외벽이 그런대로 운치가 있었다. 해질 무렵 갯벌에서 일을 다 마친 노동자들을 태우고 뭍으로 나가는 광경을 보여주는 매력이 배가됐다. 갯벌에서 일하는 삶은 멀리서 봐도 힘겨워 보였다. 갯벌 위를 뒤덮는 밀물이 들어올 때까지 그들이 캐낸 조개를 맛나게 먹는 나, 펜션 인테리어 색깔을 논하고 있는 나를 투영하며 서해의 밤을 보냈다.

해양유물과 조우,
천리포 일몰에 감탄

16일차

15일 오후 태안반도로 들어갔다. 태안에는 구석구석 먹을거리, 구경거리가 풍성하다. 군 전역이 관광지 분위기다. 태안군이 만든 소책자 '꽃과 바다 태안군' 관광지도에 표시된 크고 작은 해수욕장만 대충 세어봐도 35곳가량 된다. 이원면 만대항에서 군청을 거쳐 안면도 끝까지 길쭉하게 중국을 향해 황해에 펼쳐져 있으니 그럴 만도 하다.

대천해수욕장에서 홍성과 서산을 거쳐 태안군청에서 다시 'ㄷ' 자로 반도를 내려가면 안면도 꽃지 등 해수욕장 6곳이 연달아 나타난다. 안면도 수목원도 볼 만하다지만 다 볼 순 없고 대충 숙소를 정했다. 안면도와 대천항 사이에 있는 원산도까지 간다는 게 잘못 알고 결국 안면도에서 하룻밤을 지냈다. 안면도에 들어가면서 소문난 게국지 맛을 봤지만 바가지를 쓴 느낌이었다. 2인분에 4만 5천 원. 다음 날 만리포에 나가니 1인분에 1만 3000원에 팔았다. 안면도만 해도 관광지 물가가 적용되는가 보다.

방학 전인 데다 코로나 상황에 평일이어선지 해수욕장들은 한산했다. 꽃지는 정리되지 않고 어수선하기까지 했다. 한쪽에선 주민과 관광객이 펄 속에서 조개를 캐고 한쪽에선 덤프 트럭이 모래를 계속 실어 날랐다. 유실된 모래를 채워 여름 성수기를 대비하려는가 보다.

북쪽으로 줄줄이 있는 해수욕장들을 지나 안흥항 내항에 있는 안흥나래교가 특이하고 이뻐 보여 건너보기로 했다. 173억 원을 들여 2017년 10월 말 완공했다고 한다.

'안흥내항 해양관광자원개발 해상인도교 건설공사'. 군조(郡鳥)인 갈매기가 비상하는 모습을 형상화했다고 했다. 두 날개를 상징하는 아치 2개가 들어선 근사한 인도 전용 교량이었다. 약 300m를 건너니 뜻밖에 국립태안해양유물전시관이 자리하고 있었다. 지도를 보면서 다니지만 특별히 목표를 정하지 않고 편하게 둘러보는 길이었는데 우리 눈앞에 나타나 준 것이다.

전시관 안에는 전남 나주, 해남, 장흥 등지에서 나라에 바칠 세금으로 거둔 세곡(稅穀) 등을 개경으로 운반하다 태안 앞바다에서 침몰한 고려시대 곡물운반선 '마도1호선'이 복원·전시돼 있었다. 길이 10.8m, 너비 3.7m, 깊이 2.89m로 곡물 1000석(51t)을 실을 수 있는 대형 선박이었다. 배에서 발견된 목간(木簡) 등을 통해 출항 시기가 1208년이라는 것을 알 수 있었다고 한다. 태안 앞바다는 과거 사신선과 무역선, 세곡선 등이 항해하다 머물던 곳으로 서해상 주요 항로에 위치했다.

1976년 배 한 척과 유물 2만 3000점을 건져 올린 신안선 이후 우리나라에서 수중 발굴과 수중고고학이 싹트기 시작했다. 지금까지 배 14척에서 발견된 수중 문화재 10만여 점 가운데 절반가량이 태안전시관에 소장·관리되고 있다. 2007년 이후 태안 대섬과

우리나라 현존 성곽 중 보존 상태가 가장 우수한 안흥성

마도 앞바다에서 5척의 난파선과 유물 2만 8000여 점을 발견, 수
중 발굴의 새로운 중심지로 부상했다.

임진왜란·동학혁명 겪은 안흥성

전시관을 나오면 안흥항 초입에 태안이 교역과 군사 요충지로
서 가치를 지닌 곳이라는 점을 보여주는 명소로 안흥성이 있다.
조선 선조 16년(1583년)에 왜구 침입을 막기 위해 주변 16개 읍·
민이 동원돼 10년에 걸친 대공사 끝에 완성했다고 한다. 효종 6년
(1655년)에 증축했다.

현재 높이 3~5m에 둘레 1773m 성곽이 남아 있다. 우리나라 현
존 성곽 중 보존 상태가 가장 우수하다. 서문인 수홍루와 동문 수
성루, 남문 복파루, 북문 감성루 등 성문 4개가 남아 있다. 성안엔
건물 터와 우물 터, 태국사, 비석군 등이 남아 있다. 태국사는 중국

사신들의 무사왕래를 빌었고 국란 시 승병을 관할하던 호국불교의 요지가 됐다고 전해온다.

아직도 발굴조사가 진행 중이라는 안내문이 보였다. 성벽 흔적을 찾아 올라가 보니 과연 그렇게 높진 않았지만 돌로 쌓은 성벽이 옛 모습 그대로 보존돼 있었다. 성곽 중간중간에 외부로 망을 볼 수 있는 구멍도 있었다.

지금도 옛모습을 유지하고 있는 태국사는 꽃으로 둘러싸여 있었다. 성벽 돌에는 성 축조를 담당한 고을 석공 이름이 있어 인근 16개 군민들이 동원됐음을 알 수 있다는 설명이 있었다. 성 축성 연도를 보면 임진왜란 발발 10년 전에 공사를 시작해 임란이 발생했을 땐 거의 완성됐을 법하다. 과연 임란 땐 안흥성이 제대로 역할을 했을지 궁금해진다. 그리고 동학농민혁명 때 성안 건물 일부가 불에 탔다고 하는데 그때는 무슨 일이 있었던가? 의문을 안고 만리포로 향했다.

안면도 꽃지해수욕장에서 공사가 진행 중인 어수선한 모습을 막 보고 와선지 만리포해수욕장은 무척 깔끔해 보였다. 좀 쉬기로 했다. 카페 2층을 찾아갔더니 사람이 아무도 없었다. 앉아서 깨끗한 해변을 바라보며 적막하면서도 아름다운 서해바다를 즐겼다.

잠시 후 해변으로 나갔다. 해수욕장 중앙에 독립문처럼 생긴 조형물 속에서 물이 분사되는 모습이 이채로웠다. 조형물 어디를 둘러봐도 지명이나 해수욕장 이름을 드러내는 글귀가 없어 신기할 정도였다. 그래서 더 깔끔했고, 그래서 더 좋다고 아내가 한마디 했다.

저녁엔 바로 근처에 미리 숙소로 예약해둔 천리포수목원엘 들

천리포수목원 오후 6시 모습

어갔다. 숙소가 있는 힐링센터 주변만 잠시 돌아도 평소 못 보던 꽃들의 향연이 너무 싱그럽고 아름다웠다. 식사를 하고 잠시 방심하던 차에 서쪽 하늘이 붉게 물들어 너무 아름답다고 아내가 탄성을 질렀다. 방충망을 열고 베란다로 나가 환상적인 일몰 장면을 감상하며 사진을 찍어댔다. 한 순간 이 경이로움과 평화로움을 내마음에도 스마트폰에도 꾹꾹 담았다.

'자원봉사의 기적' 확인하고
평택 미군기지로

17일차

"나무에게 주인행세 하지 않아
나무가 행복하고 그래야 사람도…"

천리포 수목원은 두 번째 방문이건만 또 한 번 경이롭다는 느낌을 받았다. 태안의 민둥산을 사들여 세계적인 수목원으로 가꾼 외국인 민병갈(Carl Ferris Miller, 1921~2002)이란 사람에게 다시 경외감을 갖는다. 해군 장교로 한국에 와 금융인 가족으로 부유한 형편을 활용, 땅을 사들여 수십 년간 나무를 심고 가꾸고 그것도 모자라 귀화까지 했다니. 한국이 좋아 그는 생전에 "전생에 난 한국인이었을 것"이라고 말했다고 한다. 그는 1970년부터 30년간 나무를 심고 가꿨다. 말년엔 전 재산을 재단법인 천리포수목원에 기증했다.

운 좋게 아침 일찍 둘러볼 기회를 얻어 수목원 입구부터 천천히 둘러봤다. 입구 연못부터 아내는 연방 탄성을 질렀다. 스마트폰 배터리가 모두 닳을까 걱정될 정도로 사진을 찍어댔다. 각종 수국에서부터 연못 속으로 가지를 드리운 나무까지, 물그림자를 좋아하는 아내에겐 그만큼 좋은 그림이 없었다.

천리포수목원 연못

생활에 쫓기고 이해관계에 쪼들리고, 코로나에 시달려왔는데, 갑자기 꽃과 나무에 몰입할 수 있게 하는 힘은 어디서 나오는 것일까. 녹두콩, 좁쌀만 한 작은 꽃도 암술과 수술이 있고 꽃받침과 꽃술이 있고 그 속에 우주가 있으리라.

천리포수목원은 59만 2000여m²(개방지역 6만 5600여m²)에 국내 최대 규모인 1만 6000여 종 식물을 보유하고 있다. 주요 품종으론 목련, 호랑가시나무, 무궁화, 동백나무, 단풍나무 등이 있다.

2000년에 아시아지역 최초로 국제수목학회로부터 '세계의 아름다운 수목원'으로 선정됐다. 국내 첫 사립수목원이기도 하다. 설립자 이름을 딴 밀러가든(Miller Garden)은 7곳의 수목원 관리 지역 중 첫 번째 정원으로 2009년 3월부터 개방됐다. 수목원 측은 "설립자의 자연사랑 철학과 친자연주의를 계승, 생명이 깃들어 있는 것은 모두 어우러져 살아갈 수 있도록 유지·관리되고 있다"고 설명한다.

따라서 식물 가지치기는 물론 화학비료와 농약 사용을 최소화하고 있다. 나무 모양이 아름답지 않다고 함부로 베어내지 않고, 길을 만들 때도 최대한 나무를 베지 않는다. '나무에게 주인 행세를 하지 않기에 나무가 행복하고, 나무가 행복하기에 더불어 인간이 행복한 곳'이라고 수목원은 말한다.

밀러가든은 바다와 인접해 산책을 하다 탁 트인 서해바다를 볼 수 있다. 해질 무렵 노을쉼터나 바람의 언덕은 아름다운 낙조를 감상할 명당으로 손꼽힌다.

미국 펜실베니아주에서 출생한 민병갈 설립자는 1945년 미 24군단 정보장교로 첫 발을 디디면서 한국과 인연을 맺었다. 1962년부터 천리포수목원 부지를 사들여 1970년부터 수목을 심기 시작했다.

식물 전문가도 아닌 그는 결혼도 하지 않고 오로지 식물에 열정을 바치고 헌신, 국제적 수목원을 탄생시켰다. 특히 살아 있는 생명은 다 어우러져 살아가도록 한 그는 숲길을 걷다가 나무 사이 거미줄을 보면 돌아서 다닐 정도였다고 한다. 또 개구리 울음소리를 그렇게 좋아했고 저 세상에 가면 개구리가 되고 싶다고 했다.

1979년 58세에 한국인으로 귀화한 그는 항상 한국을 '우리나라'라고 불렀다. 부유한 금융인이었지만 평생 근검절약을 생활화했으며, 전 재산을 바쳐 수목원 조성에 힘쓰다 2002년 4월 81세로 운명했다. 한국 정부는 그의 생전에 금탑산업훈장으로 보답했다. 2005년 임종국 독림가, 김이만 나무할아버지 등에 이어 5번째로 '숲의 명예전당'에 동판 초상이 헌정됐다.

서해안의 기적 '자원봉사 힘'으로 되살린 만리포

아름다운 천리포수목원을 나와 악몽과 같았던 기름 유출 사고를 자원봉사자들의 헌신과 노력으로 극복한 현장 만리포해수욕장으로 향했다. 해수욕장엔 언제 시꺼먼 기름띠가 덮였냐는 듯 깨끗한 바닷물이 출렁이고 있었다.

간단히 요기를 하고 '유류피해극복기념관'을 둘러봤다. 기름 유출 사고 당시 암담한 상황부터 당국 대응은 물론 전국에서 몰려든 자원봉사자들 덕분에 조기에 엄청난 재난을 극복해가는 과정을 보여주고 있었다. 그야말로 위기에 강한 대한민국 국민의 단면을 그대로 보여주는 감동적인 장면이었다.

태안군 만리포 앞바다에서 국내 최대 기름 유출사고가 발생한 것은 2007년 12월 7일 오전 7시 6분께였다. 삼성크레인선이 유조선 허베이 스피르트호와 충돌한 것이다. 유조선 원유탱크에 구멍이 나면서 원유 1만 900t이 유출됐다. 초대형 사고였다. 아름다웠던 서해안은 검은 바다가 됐고 어민들은 깊은 시름에 잠겼다. TV 화면을 지켜보던 국민들도 엄청난 충격에 빠졌다.

오염 범위는 실로 광범위했다. 육지부 70km를 포함해 해안선 총 375km, 다도해 섬 무려 101곳이 오염된 것으로 조사됐다. 이에 충남 태안 보령 서천 당진 서산 홍성 등 6개 시·군과 전남 신안 영광 무안 등 3개 시·군 등 모두 9개 시·군이 특별재난지역으로 지정됐다. 전북 부안과 군산은 특별대책위 지정지역으로 발표됐다. 당시 바다를 잃어버린 어민들은 생계가 막막했고 오염 제거 작업 일당을 받는 것 외에 생계 수단이 없었다. 오염된 바다와 절망에

기름유출사고 때 총 123만 명 자원봉사자가 현장을 찾았다.

빠진 어른들을 바라봐야 했던 어린이들은 외상후스트레스장애를 겪었다.

그런데 검은 기름으로 뒤범벅 된 바다를 바라본 국민들이 한 명 두 명 모이기 시작하면서 한겨울 절망의 바다를 감쌌던 추위를 녹이기 시작했다. 그렇게 모여든 자원봉사자가 나흘 만에 1만 명을 넘겼고 77일 만에 100만 명을 넘어섰다. 모두 123만 명이 현장을 찾았다. 이듬해 3월 '피해주민 지원 및 해양환경 복원 등에 관한 특별법'이 제정 공포됐다.

수산당국과 자원봉사자의 노력으로 바다는 다시 옛 모습을 찾아가기 시작했다. 이윽고 사고 6개월여 만인 2008년 6월 27일 만리포해수욕장은 재개장하기에 이르렀다. 이 감동 스토리가 만리포해수욕장 뒤편 '유류피해극복기념관'에 오롯이 전시돼 있다. 2017년 9월 15일 문을 열었다. 이 감동은 국제사회에도 전해져 2012년 6월 20일 세계자원봉사대회 자원봉사 등대상을 받았다.

충남도와 태안군, 지역 출신 국회의원 등은 유류피해극복 자원봉사자 123만 명이란 감동을 이어가면서 그 상징성을 살리기 위해 태안에 전국 자원봉사자연수원을 건립하는 방안을 추진하고 있다.

평택에 들어선 미군 최대 해외기지

만리포, 천리포 감동을 뒤로하고 충남과 닿아 있는 경기 평택을 찾았다. 수도권 진입이다. 평택은 첫 방문이다. 서울 용산 미군기지가 옮겨온 곳이기도 하고 마산 친구가 대기업 상대로 사업을 한다고 머물고 있어 겸사겸사 찾게 됐다.

캠프 험프리스(Camp Humphreys)라고도 불리는 미군기지는 평택시 팽성읍 서북부에 위치했다. 미군의 최대 해외기지로 꼽힌다. 여의도 면적의 5배 남짓하다. 14.677km^2 면적에 평시 4만 3000명, 최대 8만 5000명까지 수용할 수 있단다.

초행길이라 승용차 내비게이션을 맞추고 기지 정문을 찾아가 봤다. 정문 맞은편에는 태극기와 성조기가 나부끼고 우익이나 지역 상인단체들이 문재인 대통령과 현 정부를 비난하는 현수막을 내걸어 놓았다. 한미동맹지원단, 팽성상인연합회, 한국외국인관광시설협회, 한미동맹강화국민운동본부 등 단체들 이름이 생소했다.

정문 옆에선 '미군 철거 시위 534일째'를 내걸고 북미협상 결렬 트럼프 규탄, 전쟁연습 중단, 미군 철거 등을 주장하는 1인 시위가 벌어지고 있었다. 그런가 하면 옆에는 한국 외교부와 평택시국제교류재단이 코로나를 공동대응해 이겨내자는 내용의 현수막도 걸려 있었다.

한국에 주둔하는 미군 부대 앞은 반미와 친미, 보수와 진보, 자주파와 친미파 등 국내 다양한 그룹들의 여론이 충돌하는 현장이

'캠프 험프리스' 주변 거리

었다. 부대 안은 물론 정문 가까이 접근은 못 하지만 차를 몰고 주
변을 돌아보았다. 평일 점심 시간이 막 지난 때라 행인은 많지 않
았다. 미군 병사가 둘씩 짝지어 다니는 모습, 인근 업소에서 일하
는 것으로 보이는 여성들이 눈에 들어왔다. 상점 간판들은 온통
영어 일색이었다.

    '코메리칸'들을 위한 부동산 소개업소 간판도 보였다. 상가 간
판만으로는 여기가 한국인지 미국인지 분간이 안 될 정도였다. 부
대 바로 옆 공영주차장에 잠시 차를 댔다. '지역경제 활성화를 위
한 2시간 무료주차 기간 연장'이란 현수막이 눈에 들어왔다.

◆ 한국 땅 미군 기지는 몇 곳?

한국에 주둔하고 있는 미군이 사용하는 기지는 몇 곳이나 될까?

미군기지는 물론 미군 관련 각종 자료는 보안상 문제 등으로 관련 당국에서 정확히 잘 공개하지 않아 접근하기도 힘들고 그마나 내놓는 자료도 기관마다 다르다. 미군 기지 숫자 역시 미국 국방부와 주한미군 발표가 서로 다른 식이다.

전 세계 미군 기지 운용의 문제점과 실태를 다룬 책 『기지국가』(Base Nation, 유강은 역, 2017)에서 저자 데이비드 바인(David Vine)은 한국의 미군기지는 83곳(p.29)이라고 밝혔다. 독일 174개, 일본 113개에 이어 세계에서 세 번째로 많다. 미국이 공식적으로 밝힌 해외기지 숫자는 686개지만 저자가 파악하기론 전 세계 70여 개 국에 최소 800개, 최대 1000개에 육박한다. 미국을 제외한 나라의 해외기지는 모두 합쳐야 30개에 불과하다. 영국과 프랑스가 13개, 러시아가 9개, 한국 1개 등이다.(p.548)

이와 관련해 한국 방위산업체가 정부 승인 하에 해외에서 공군 기지를 극비리에 건설하고 있는 것으로 파악됐다고 보도된 바 있다.(한국일보, 2016.6.21.) 보도를 보면, 우리 방산업체 주도로 활주로와 관제탑 등이 포함된 공군 기지가 A국가에서 건설되고 있고 공사는 3조 원 규모. 이 기지는 A국가 정부와 우리 국방부 간 합의에 따라 2015년 상반기에 착공됐으며, 이 기지가 완공되면 한국이 해외에 건설한 최초 군사 기지가 된다고 덧붙였다.

중국도 아프리카 지부티와 아프가니스탄에 군사기지를 건설했 거나 건설하고 있는 것으로 보도된 바 있다.(한국일보, 2018.8.29.)

『기지국가』 번역자 유강은은 "주한 미군 기지 숫자에 대해 미국 국방부는 83개라고 밝혔는데 주한 미군 당국은 50개라고 말한다. 주한 미군 숫자도 주한 미군은 2만 8500명이라고 공식적으로 밝힌 반면, 2017년 4월 펜스 부통령은 3만 7500명이라고 밝혔다"고 말했다.(p.548)

녹색연합과 미군기지반환운동연대는 2003년 11월부터 2004년 9월까지 10개월간 전국 미군 기지 실태 조사를 진행했다고 2004년 10월 발표한 바 있다. 당시 이 단체 조사팀은 모두 84곳의 미군 기지를 직접 현장조사 했으며, 조사팀이 접근할 수 없는 10곳은 정보공개청구를 진행, 모두 94곳의 미군 기지를 확인했다고 밝혔다.

한미 양국은 2002년 경기 동두천과 의정부 등 한강 이북에 흩어져 있는 미군 기지를 평택 기지로 옮기는 연합토지관리계획(LPP)을 마련했고 2003년에는 서울 용산 기지를 평택으로 이전하는 용산기지이전계획(YRP)에 합의한 바 있다. 이 같은 재편 작업 후에도 존치되는 미군 기지는 평택·오산을 중심으로 하는 중부권역과 대구와 군산 등을 중심으로 하는 남부권역에 있는 총 50여 곳이라고 보도된 바 있다.

기지와 함께 각종 시설, 군사 훈련 등에 필요해 한국 정부가 미군에게 공여해 미군이 사용권을 가지고 있는 공여지는 이보다 훨씬 숫자도 많고 면적도 넓다. 미군 공여지는 SOFA(주한미군 지위협정) 규정에 따라 무상으로 제공되고 있고 공여 기간도 무기한이다.

주한 미군에게 제공된 공여 구역은 주한미군지위협정 발효 직후인 1969년에는 277곳, 4억 2644만 평(약 1409km²)에 달했다. 이면적은 1970년과 1972년에 크게 줄었고 이후 소폭 확장과 감축을 겪으며 2002년에는 96곳 7400만 평(244.6km²)이 됐다. 2014년 기준으로 전국에 남아 있는 주한 미군 공여 구역은 129개소다. 면적은 약 242km²로 여의도 면적(2.9km²)의 83배다. 그중 87%가 경기도에 위치하고 있다.(뉴시스, 2020.7.26.)

서울 진입, 39년 만에 찾은
남영동 '그곳'

18일차

강집… 녹화…

그날, 시간은 오전의 중간쯤이었던 것 같았다.

내가 서 있는 지점이, 그들이 날 내려주고 간 지점이 어디쯤인지 알 수 없었다.

그 자리에 멈춰 선 채로 360도, 두어 바퀴를 돌았다.

그러다 눈에 들어온 이정표 하나,

'남영동'… 그랬구나.

갑자기 눈 속에서 물기가 밀려 나왔다.

지나가는 차량들… 무심히 지나가는 사람들…

전혀 아무 일도 없는 것처럼 움직이고 있었다.

시간이 아주 많이 지난 것 같진 않았다.

인근 건물 어디선가 내게 일어났던 일은 아무도 모른 채 지나가리라.

설혹 알았다 해도 큰 영향이나 변함없이 지나갔으리라.

1981년 3월이었다.

대학 3학년 1학기 등록을 한 지 며칠 되지 않았다.

등교하려고 학교 후문 쪽 자취방을 막 나오는데 얼굴 분간을 잘 하기도 힘든 두 사람이 골목으로 다가왔다.

양쪽 팔짱을 끼더니 허리띠를 먼저 풀어 빼곤 끌고 가 도로에 대 놓은 차 뒷좌석에 태웠다.

그리곤 검은 안대를 채웠다. 어디론가 차를 몰아 가기 시작했다.

차 안에선 무슨 대화가 오갔는지 별 기억이 없다.

이윽고 어떤 건물에 도착해 내리자 벽에 세워놓고 사진을 찍었다.

그리고 어둡고 작은 방으로 데려가 조사와 진술서 작성이 시작됐다.

전년 가을쯤 교내 언더서클 회장직을 맡은 것이 그들의 타깃이 된 이유인 듯했다.

직전 학기 내 자취방에서 회원들과 세미나를 하다 들켜 경찰서로 끌려가 조사를 받다 풀려난 것도 생각났다.

학생 숫자가 상대적으로 적어 조금만 움직여도 잘 드러나는데다, 우리 서클 선배가 부활된 총학생회장이 돼 교내외 시위를 주도했던 것도 영향을 미쳤으리라 혼자 분석했다.

그들은 '이번 학기 등록금은 유효하도록 해놓을 테니 군대에 갈 것'을 요구했다.

그 안에서 버티고 실랑이를 벌이는 것은 아무 의미가 없는 듯했다.

그 후로 학기 중 휴학과 입영통지 조치 등 절차가 일사천리로 진행됐다.

한 달 뒤 입대해 최전방으로 배치됐다.

어머니께는 '교수님들이 시국이 안 좋으니 군대를 갔다 오는 것이 좋겠다고 강권했다'고 둘러댔다. 혹시라도 작은아들마저 운동권에 연루돼 타의로 입대했다는 식으로 알려지면 정말 큰일이었다. 나이 40도 되기 전에 남편과 사별하고 혼자 힘으로 3남매를 대학까지 보내신 어머니로선 상상할 수 없는 일이었다.

가정 형편상 서울대 재수를 포기하고 지역대학을 다니던 큰아들이 부마항쟁에 연루돼 구속, 하늘이 무너지는 경험을 한 뒤였기 때문에 더욱 그랬다. 남편 보듯 믿고 의지했던 큰아들이 죄수복을 입고 부산으로 송치되는 장면은 하늘이 무너지는 듯한 충격으로 남았다. 다행히 10·26사태 여파로 얼마 안 있어 극적으로 풀려나긴 했지만, 긴 한숨을 내쉬시는 습관은 오래도록 계속됐다. 어머니는 지금도 내가 군대에 간 사정은 잘 모르신다.

빡빡 기는 군대에선 고참 폭행이 가끔 있었지만 그 시절엔 드문 일이 아니었다. 전방 부대는 2년간 훈련, 2년간 철책 근무 형식으로 순환 근무를 했다. 훈련 시절은 고됐지만 몸으로 때우는 것은 다 하는 일이었다. 철책 근무로 들어가면 훈련이 없어 상대적으로 편했다. 중대 행정반으로 옮긴 덕도 봤다.

전역을 6개월여 남겼을까, 중대 행정반에서 연락이 왔다. 사단에서 지프차가 왔으니 휴가 준비하고 나오라고. 뜬금없었다. 군대는 명령이니 도리 없이 옷을 차려입었다. 속사정도 모르고 '저 XX는 (높은 사람 빽으로) 시도 때도 없이 휴가냐'라는 인사계 비난을 뒤로하며 지프차에 올랐다.

불려간 곳이 어딘지 나로선 알 수 없었다. 근무자들이 군복을 입었는데 모두 얼굴이 뽀얗고 머리를 민간인처럼 기르고 있었다는 기억. 그들 중 내 담당이란 사람과 조사실에서 마주 앉았다. 끝없이 입대 전 행적을 반복해서 적어내는 작업에 시달렸다. 그리곤 그들이 이상한 휴가를 보내줬다. 학교 친구들을 만나 활동상을 보고하라는 지시와 함께.

서울로 들어가선 친구 한둘 만나 눈치껏 이야기하라는 신호를 주고 술 한잔 마셨다. 그러곤 긴 머리 군인들에게 적당히 둘러대주곤 귀대했다.

강제징집(강집)과 녹화사업. 나중에서야 사업명을 알았다. 전두환 정권은 전국적으로 수년에 걸쳐 그짓을 했다. 전국적으로 같은 피해자 숫자가 적지 않았다.

전역 후에도, 졸업 후 5년을 더 서울에 머물면서도 남영동 근처엔 얼씬도 하지 않았다.

일부러 피한 것도 아니었지만 살면서 그 길로 발걸음이 향하질 않았다.

무슨 말을 하랴… 친구의 서러운 눈물

39년 만에 그 자리를 다시 찾아봤다.

퇴직을 앞두고 이번 투어를 계획하면서 서울에 가면 이번엔 꼭 가보고 싶었다.

그 전엔 사실 피하고 싶었는지도 모른다. 이젠 그럴 필요도 이유도 없었다.

정면으로 마주 보고 혼자라도 평가하고 가야 할 시기를 이미 많

민주인권기념관으로 들어가는 남영동 거리

이 지났다는 느낌.

'민주인권기념관'으로 이름이 바뀌고 인권교육 현장이 된 남영동 치안본부 대공분실.

검은 빛이 도는 벽돌 건물은 여전히 방문자에게 강한 위압감을 주었다.

안에서 그동안 무슨 일이 벌어졌던 건지 아는 사람은 아는 대로, 자세히 모르는 사람은 들은 걸 확인하고 싶어 건물 안으로 들어가도록 하는 힘이 있었다.

7층 건물 가운데 5층에 대공분실 조사실이 있었다. 코로나로 인해 개방이 안 되는 분위기였지만 마침 찾아간 날이 박종철 인권상 시상식이 있는 날이어서 약간 어수선하기도 하고 관계자 등이 건물을 드나드는 분위기였다. 양해를 구해 잠시 5층으로 올라가 둘러보고 사진도 찍었다.

똑같이 생긴 조사실이 여럿 있었다. 방들은 하나같이 책상 하나에 안쪽엔 변기와 세면대 하나. 덩그러니 놓인 기물을 바라보고 있자니 그냥 막연할 뿐이다. 내가 조사 받은 곳이 어딜까 생각을 해봤지만 호실이 정해진 것도 아닐뿐더러 어느 방이었는지는 아무 소용도 없었다.

책상을 사이에 놓고 끌려온 사람과 조사하는 사람이 마주 앉은 모습을 잠시 상상해보았다. 조사실 한 곳은 이곳에서 희생된 박종철 열사 추모 공간으로 만들어놓았다.

그날 저녁엔 직장에 다니는 딸 오피스텔에서 여장을 풀었다.

밥알이 입에 잘 넘어가지 않을 듯해 아내에게 근처에서 맥주나 한잔하자고 했다. 딸은 늦었다. 둘이서 맥주를 한잔하고 있는 차에 대학 친구한테서 연락이 왔다. 근황을 묻는 카톡이 몇 차례 오간 뒤다. 몇십 분 뒤 강남 쪽에 있다던 친구가 합류했다.

그는 인천 쪽에서 노동 운동을 하다 몸도 다쳤다. 그렇지만 서로 다른 길을 걸었기에 졸업 후에도 자세한 내용은 서로 묻지 않았다. 짐작만 할 뿐.

그런데 그날 남영동 다녀온 이야기가 자연스레 나오자 친구 입에서도 처음 듣는 이야기가 나왔다. 자신은 서울시내 다른 대공분실에 끌려가 알몸이 된 채로 온갖 고문을 받았다고 했다. '그놈들은 입고 있고 난 벗고 있다는 게 그렇게 사람을 힘들게 만들었다'고 술회하며 그는 서럽게 울었다. 무려 25일간이나 대공분실에 있었다고 했다. 더 이상 상세히 물을 수도 없었다. 난 친구가 당한 데 비하면 당한 것도 아니었다. 둘은 아내를 앉혀놓고 30년도 훨씬 더 지난 세월을 떠올리며 술을 들이켰다.

'인 서울' 포기한
K-장녀

동상이몽(16)

'서울 쪽 대학 갈 수 있겠는데 어디 지원해볼래?' 대입학력고사 점수가 그다지 만족스럽게 나오진 않았지만 서울로 갈 수는 있을 정도라 고3 담임이 물었다. 아예 원하는 대학도 가고 장학금도 타면 제일 좋은데 성적이 조금 아쉬웠다. 그래도 부모님이 허락해줄 줄 알았다.

성적표를 보신 엄마와 아버지의 일성은 '서울까지 뭐하려고 가려고 하냐'였다. 약간 예상은 했어도 서운함이 강했다. '그럼 부산대 갈게요'라고 맞받았다. 아버지는 '부산까지 가지 말고 그냥 집 가까운 데 가서 4년 장학금 받으면 좋겠다' 하셨다. 이 말은 청천벽력 같았다. 가슴 속에서 뜨거운 기운이 치밀어 올랐다. 속상함을 삭이며 '아버지 저 부산대 기숙사 안 들어가고 집에서 등하교 할게요'라고 한 발짝 뒤로 물러섰다. 하지만 아버지는 허락하지 않았고, 응원군이 돼줄 줄 알았던 엄마도 침묵했다. 담임한테 말했더니 기막혀 했다.

1985년 난 서울에 가고 싶었다. 'K-장녀'가 치러야 했던 일 가운데 내가 이뤄낸 성적이 묵살되면서 원하는 대학에 못 간 사실이

206

내 삶에선 가장 큰 상처다. 일명 '지방대' 4년 장학생이어서 대학입학 등록금을 포함해 4년간 부모님께 학비 걱정 시켜드리지 않은 '마지못한 효도'를 했다. 하지만 가슴 한켠엔 불만으로 가득해 대수롭지 않은 일에 분노할 때도 많았다.

삼남매. 2녀 1남 중 장녀. 둘째인 아들도 성적이 좋았기 때문에 엄마는 하나뿐인 아들이 서울대에 가기를 바랐다. 나를 서울에 있는 대학에 보내면 가정 형편상 아들 뒷바라지가 안 될 상황이었다. 아들이 출세하면 엄마 삶이 좀 더 편해지리라 여겼던 것 같다. 막내 여동생도 서울지역 대학엔 가지 않았다. 남동생은 결국 서울대엘 갔고 대기업에 취직해 서울에서 결혼해서 서울에서 살고 있다. 서울로 간 아들을 엄마는 자주 보지 못했다.

난 나와 비슷하거나 나보다 성적이 못했던 친구들이 서울과 부산의 대학에 간 사실에 억울함이 가라앉질 않았다. 대학 3학년까지 그 사실을 스스로 인정 못하고 방황했다. B학점 이상이면 4년 장학생 자격이 박탈되지 않았기에 내 딴에는 부모님 속을 썩이지 않는 범위에서 일탈도 하고 좌충우돌도 많이 했다.

대학 졸업할 때 취업을 준비하면서도, 지역 언론사에 취직해서도, 결혼해서도, 여고 동창들을 만날 때도 원하던 대학에 못 간 한이 잦아들지 않았던 것 같다. 그래서인지 난 지금도 틈만 나면 서울에 가는 편이다. 대리만족하듯. 어떤 이들은 그게 뭐라고? 할 문제일 수도 있다.

전국 여행을 하며 서울에 입성하는 날, 만감이 교차했다. 차만 타면 서울에 갈 수 있는데, 1985년 그해 나에게 서울은 왜 그리 멀었던지. 서울에 못 갔어도 지역에서 잘살고 있지만, 가지 않은 길에 대한 아쉬움은 아직도 남아 있어 계기가 생길 때마다 스멀스멀 기어나오곤 한다.

'1985 서울행 불발 사태'에 대한 감정은 2007년 엄마가 돌아가신 후 아버지가 술 한잔하며 하신 말씀에 많이 수그러들게 됐다. 서울지역 대학에 못 간 후 내 일이 꼬이고 힘들 때마다 엄마한테 여러 차례 "내가 원하는 대학에 안 보내준 엄마가 너무 원망스럽다"고 서러워하며 심통을 부렸다. 엄마는 그때마다 내게 아무런 말도 하지 않았다. 해명도 꾸중도 설득도 없었다. 그런데 술이 거나해진 아버지가 "니가 했던 말 때문에 느그 엄마가 평생 너한테 미안해하고 가슴앓이 했던 거 너 아냐?"라고 하시는 게 아닌가. 깨물어서 안 아픈 손가락 없다고, 엄마는 내가 바랐던 장래를 꺾은 게 못내 안타까워서 가슴에 큰 돌 하나 얹어놓고 사셨더랬다. 나에게 일언반구 말도 없이 속만 태우며 내 한탄을 다 받아줬던 거다. 이런 불효녀였다 나는. 엄마가 살아 계실 때 그런 속엣말 한 번 해줬더라면 모녀 간에 회포도 풀고 엄마도 회한 없이 가셨을 텐데, 지금 생각해도 안타깝고 안타깝다. 자식은 하해와 같은 부모 심정을 그만큼 잘 모르는 것이다.

그럼에도 난 요즘 서울에 갈 때마다 즐겁다. 딸이 서울에 있어서이기도 하고, 뭔가 새로운 추억 쌓기나 문화생활, 사람을 만나는 일, 동생들 얼굴 보기 등 의미 있는 일거리를 갖고 가기 때문이다. 전국 여행 중에 만난 서울도 그 맛대로 아름다웠고 색다른 감회에 젖어들게 했다. 그동안 수없이 서울에 갔건만 낙산성은 이번에 처음 구경했다. 야경이 좋다는데 시간이 맞지 않아 한낮에 산성을 조금 걸었다.

서울 낙산성곽

여순·광주 아픔과
평택기지 지나 서울 입성

법정스님 흔적,
친구들의 퇴직 축하

19일차

흥사단과 질긴 인연… 길상사 법정의 자취

서울 진입 이틀째.

친구들과 저녁 모임을 앞두고 오랜만에 대학로를 둘러봤다. 연극을 상영하는 극장들이 줄줄이 있을 텐데 공연을 알리는 포스터만 곳곳에 보일 뿐 관객 행렬은 보이지 않았다. 코로나는 모든 것을 멈추게 한 것 같았다. 마로니에 공원 팻말이 정겹게 다가왔다.

대학로에서 생전 법정 스님이 머물던 곳으로 잘 알려진 길상사가 가까워 가보기로 했다. 아내가 길을 잡았는데 걷던 도중에 '대한조국주권수호일념비'란 게 눈에 들어왔다. 제목만으로는 무엇을 기념하는지 알 수 없었다. 옆 비석 설명문을 본다. '일제 강점 말기인 1944년 1월 태평양 전쟁 총알받이로 동원된 조선의 정예 학도 4385명 넋을 달래고 후세 동료들에게 다시는 이런 치욕의 역사가 되풀이되지 않도록 하기 위해 세운다. 2008년 8월 1.20동지회'

일군에 강제 입대한 학도들은 자신과 민족을 위해 항쟁, 탈주, 체포, 징역, 사형, 부상, 실종, 전사 등 각종 희생을 몸으로 겪었다고 부연돼 있었다. 이들의 입대 전 한때 합숙 훈련장이었던 추억의 자리 동성고교 양지바른 언덕에 영원히 자리한다고도 했다. 대학로에서 만난 의외의 역사 관련 기념물이었다.

조금 옆에는 도산 안창호 선생 동상이 서 있고 청년들을 향한 그의 어록비도 있었다. 흥사단 본부가 곁에 있었던 것이다. 나와 흥사단 인연은 길고도 깊었다. 아니 흥사단이라기보다 산하 학생 단체인 흥사단 아카데미는 고교시절과 대학시절 내 운명을 결정 지은 거나 진배없다. 흥사단은 그렇지 않았던 것 같았는데 흥사단 아카데미는 고교시절이나 대학시절 모두 당국에 등록을 받지 않은 단체, 언더서클이었다.

길상사는 도심에 있는 사찰 치곤 오밀조밀 구성이나 배치는 물론 건물과 나무 모두 정겨웠다. 유명 요정 여주인이 무소유를 실천한 법정에 감화돼 돈으로 계산하기 힘든 규모의 요정 터와 건물을 무상 기증해 이뤄진 절이라 한다. 요정 주인과 법정, 사찰의 인연을 잠시 생각해봤다. 힘들게 장사해서 평생 이룬 재산일 텐데 고급 식사와 교제 공간인 요정이 사찰로 바뀌니 크게 보아 돈벌이 공간과 성불을 위한 수련 공간이 따로 있나 싶었다. 사찰 안쪽 법정이 생전에 기거하던 건물 벽에 그가 '사단법인 맑고 향기롭게'와 상좌스님들에게 남긴 유언이 적혀 있었다.

법인에는 '어리석은 탓으로 제가 저지른 허물은 앞으로도 계속 참회하겠다. 내 것이라고 남은 것이 있다면 법인에 주어 사회를 맑고 향기롭게 하는 데 사용하게 하라'고 했다. 특히 그동안 풀어놓은 말 빚은 다음 생으로 가져가지 않으려 하니 부디 내 이름으로 된 모든 출판물들은 더 이상 출간하지 말라고 당부했다. 죽음을 예감하고 유언을 하면서도 허물은 계속 참회하겠다고 했다니… 스스로 돌아볼 줄 모르고 반성도 모르는 세태의 뒷머리를 때리는 듯했다.

그 옆엔 그가 생전에 평생 입었던 다 해진 승복 저고리가 그대로 걸려 있었다. 무소유를 웅변하듯. 낮은 기와 담 아래엔 눈에 띌 듯 말 듯 '법정 스님 유골 모신 곳'이라는 팻말이 있었다. '내가 떠나는 경우 내 이름으로 번거롭고 부질없는 검은 의식을 행하지 말고, 사리를 찾으려고 하지도 말고, 관과 수의를 마련하지 말고, 편리하고 이웃에 방해되지 않는 곳에서 지체없이 평소 승복을 입은 상태로 다비하여 주기 바란다.'(2010.2.24. 법정 박재철) 박재철은 법정의 속명이다.

그날 저녁, 고등학교 흥사단 아카데미 서클을 같이 했던 친구들이 나의 정년퇴직을 축하한다며 농반 진반 '졸업식' 자리를 만들었다. 우리 부부와 서울 친구 부부, 다른 친구 둘 정도 인원.(그땐 코로나 초기라 사적 모임 인원 제한이 없었다.) 서울 친구 딸이 운영하는 대학로 근처 카페를 차지하곤 밖으로 'Closed'라고 내걸었다. 코로나로 손님이 별로 없다며 흔쾌히 자리를 만들었지만 친구와 딸 부녀한텐 고맙고 부담스럽기도 했다.

거제에서 올라온 친구가 장만해 온 호래기(꼴뚜기) 회가 서울 친구들의 입맛을 자극했다. 양이 생각보다 많은 데다 너무 싱싱하고 맛있었다. 아침에 거제에서 장만한 양이 150마리가량이나 된다고 했다. 적지 않은 양이다. 아침에 어부들한테서 샀다니 제법 비용도

법정스님 유골 모신 곳

많이 치른 듯하다. 안주가 좋으니 다른 서울 친구가 이날 모임 날짜 계산을 잘못해 1주일 전 미리 갖다놓고 갔다는 독주까지 다 비웠다.

3부

휴전선아 잘 있느냐,
동해안 바라보며 부산까지

한양도성서 통일 꿈꾸는
'한탄강 공동체'로

20일차

역사 선생님과 낙산성서 한양도성 공부

역사 교사인 서울 친구와 거제 친구, 우리 부부 이렇게 넷이 대학로와 가까운 낙산성에 올랐다. 언제나처럼 서울 친구 최 선생이 가이드가 돼줬다. 낙산성 위에 서서 한양도성이 남아 있는 내4산과 외4산을 둘러보며 현장 학습을 했다. 한양도성은 실제 쌓아놓고도 임진왜란 등에선 제대로 역할을 못 했다는 아쉬움이 있었다는 게 최 선생 설명이었다. 내4산 가운데 청와대가 있는 북악산과 인왕산 등은 가깝게 보였다. 문민정부 이후 시민들에게 개방된 인왕산은 최근에 가본 적이 있어 더 친근하게 다가왔다. 최 선생 덕분에 산에서 한양을 내려다보며 잠시 옛 역사를 더듬어봤다.

최전방서 통일을 가꾸는 작은 공동체

거제 친구만 동행한 채 한탄강 공동체를 꾸리고 있는 목사 친구한테로 달려갔다. '해피 하우스'란 간판을 단 집이 보여 이곳이구나 싶어 들어가 주차를 했다. 주인장이 반갑게 나와 맞았다. 몇 년전 방문했을 때와 달리 거처하는 집이 바뀌었다. 마당도 넓고 주택 안도 훨씬 넓었다. 친구 따라 안으로 들어가니 우선 딸이 인사를 하고 뒤이어 김 목사 아내가 나온다. 또 조금 있으니 농사 작업을 관장하신다는 여성 한 분이 나오고, 다시 김 목사 장인어른이 보행기 도움을 받으며 거실로 잠시 모습을 비추셨다. 연세가 90이 넘으셨다 했다. 방이 엄청 많아 보였고 도대체 몇 명이 사는지 짐작이 가지 않는 집이었다. 공동체란 말이 실감났다.

농사와 떡 공장 등 전체 사업을 관장하던 분이 최근 동남아 선교 등을 위해 출국하게 돼 김 목사 부인이 갑자기 그 일을 다 맡게 됐다고 김 목사가 소개를 했다. 덕분에 젊은 2세들이 적극 발벗고 나서 일을 잘 차고 나간다는 자랑 섞인 설명도 뒤따랐다.

차를 한잔하고 부부는 공동체가 운영하는 떡공장을 안내해줬다. 제법 큰 부지에 들어선 공장에 들어서니 대형 떡방앗간이나 제과공장 등에서 봤던 공정대로 설비와 식재료 등이 순서대

한탄강 공동체를 꾸리고 있는 친구 김 목사의 공장

로 마련돼 있었다. 10여 분 만에 간단히 둘러봤지만 공동체 사람들이 그동안 공장을 차려 떡을 만들고 납품하는 과정들이 얼마나 힘들었을까 짐작이 갔다. 농사를 함께 짓는 것으로 출발했던 공동체는 점차 군부대 떡 납품, 빵 공장 가동 등으로 사업화하고 규모도 늘려나갔다. 지금은 네이버 쇼핑에도 입점해 떡을 판매하고

있다.

공장에서 일하는 사람은 모두 15명 정도. 공동체는 4가구 정도라고 한다. 서울서 이곳에 터를 잡은 지 벌써 11년 됐다고 한다. 초창기엔 탈북자도 같이 일을 했는데 지금은 없다고 한다. 그러면서도 김 목사는 여전히 북한 아이들 영양식 공급 등을 사업화하는데 관심이 많다. 통일을 염두에 뒀거나 통일에 어떤 식으로든 기여하고 싶은 김 목사 생각이 담긴 듯했다.

공장 견학을 마치고 김 목사가 20여 분간 차를 달려 우리 일행을 데리고 간 곳은 연천읍에 가까이 있는 마을 나대지였다. 2500평 정도 규모. 이곳에 기존 떡 공장 등 시설을 옮겨오고 카페 등을 새로 만들면서 공동체 주택 등을 짓기 위해 토지를 매입한 것이라고 했다. 해피트리 공동체 2기가 시작되는 곳인 셈이다. 놀라웠다. 10년 넘게 고생한 보람을 확인하는 순간이었다. 조금 높은 언덕에 올라서서 미래 구상을 설명하는 김 목사 부부는 행복한 표정을 지었다.

마음 속으로 공동체의 성공을 기원하고, 선한 부부를 향해 박수와 응원을 보냈다.

옥녀봉 10.8m '그리팅맨'… "인사하면 풀려요"

공동체 이전 부지를 보여준 김 목사가 우리 일행에게 보여줄 게 있다며 갑자기 좁고 험해 보이는 샛길로 차를 몰았다. 산길로 접어든지 얼마 안 돼 옥녀봉에 도착했다. 꼭대기엔 거대한 크기의 남자가 절을 하며 서 있었다. 그의 이름은 '그리팅맨'. 이미 일부에선 소문이 났나고 했지만 난 처음 보았다. 키 10m가 넘는 (10.8m) 거구의 '인사하는 사람'은 조각가 유영호 씨 작품이다.

옥녀봉에 세워진 '그리팅맨'

2012년 한국과 지구 반대편 우루과이 몬테비데오에 처음 세워진 이후 한국 양구마을 해안과 제주 서귀포 해안에도 세웠다고 한다. 옥녀봉은 예로부터 '옥녀봉을 차지한 자가 한반도를 지배한다'는 말이 있을 정도로 요충지다. 한국전쟁의 고통을 안고 있고, 분단의 아픔을 온몸으로 보여주는 곳이라는 점에서 선택됐다고 한다. 남북 화해는 진심으로 서로 인사하는 마음을 가질 때 시작될 것이라는 게 작품에 남긴 작가의 말이다.

옥녀봉을 내려와 멋진 정원이 있는 집에서 식사를 했다. 목사 부부가 소리도 없이 계산을 했다. 공동체 초창기에 약간 도움을 주긴 했지만 김 목사와 공동체 응원차 들렀는데 대접을 받게 돼 많이 미안하고 쑥스러웠다.

인사하면 기분 좋아져요 '그리팅맨'

경기도 연천은 군부대가 많은 지역으로 각인돼 있다. 대학 때 우리 과 남자 애들이 전방으로 군대를 많이 갔는데, 연천 지역이 가장 많았던 것 같다.

이번 여행에서 첫 발을 디딘 연천은 조용하고 정겹고 깔끔했다. 한탄강과 임진강, 고인돌 유적지, 전곡리 원시인 유적지 등 중고등학교 때 국사 책에 등장했던 역사의 현장을 밟은 느낌이었다. 연천에 남편 친구인 목사님 공동체 회사가 없었다면 여행 버킷리스트에서 제외했을 수도 있었던 도시였다.

남편 친구 부부의 대접으로 정원이 있는 식당에서 점심을 먹고 전통차까지 마셨다. 산꼭대기에 멋진 조각이 있다며 안내까지 해줘서 호사를 누렸다. 대동강과 북한 땅이 바라다보이는 산꼭대기에서 '그리팅맨'을 만난 건 계획에 없던 행운이었다.

그리팅맨은 너무 컸다. 내 키의 6배가 넘었다. 실오라기 하나 걸치지 않은 누드 차림의 대형 입상이었다. 속살은 하얗다. 그는 45도 각도로 고개를 숙인 채 인사를 하고 있다. 북한 사람들에게 하는 건지, 나에게 하는 건지, 세계인에게 두루두루 하는 건지 아무

220

튼 매우 예의 있게 두 손을 양 옆 허벅지에 댄 채 정중히 인사를 했다. 그가 인사를 하니 나도 덩달아 인사를 하며 예를 갖췄다. 왠지 그래야만 할 것 같은 생각이 들었다.

그리팅맨을 처음 만나니 또 공부를 해야 한다. 왜 그는 여기서 인사를 하고 있는 걸까. 그를 만든 건 누군가. 그와 똑같은 그가 국내 여러 곳뿐만 아니라 세계 각지에 흩어져 있으면서 서로 똑같이 인사를 하고 있다는 사실에 놀랐다. 이제는 작가를 찾아 헤맨다. 세계 곳곳에 서 있는 그를 찾아가 보는 행동도 머릿속에 그려본다. 안녕~ 다음에 또 어디선가 그를 만나게 될까. 어쩌면 그를 못 볼 수도 있겠구나. 하지만 사흘 뒤 강원도 양구 도심에서 그리팅맨을 만나게 될 줄이야.

강원도 양구 시내 그리팅맨

시간만 있다면 하루쯤 더 머물면서 그와 이별도 늦추고 전곡리 유적지와 한탄강 주상절리까지 구석구석 보고 싶었다. 그냥 물살이 가지런하고 깊이도 낮은 한탄강에서 유유자적 낚싯대를 드리운 아마추어 꾼들을 응시하다가 그리팅맨과 연천에서 멀어져야 했다.

38선, 청춘 보낸
군 부대 앞 마을

21일차

분단 상징 38선 표지석 "여기는 겨레의 한이 맺힌 현장"

한탄강 공동체까지 동행한 거제 친구와 연천군 전곡읍에서 하룻밤을 자고 아침을 맞았다. 식전에 차로 전방마을을 한 바퀴 돌았다. 중간에 차를 세우고 전날 눈으로만 찜해뒀던 한탄강 유원지를 30여 분 걸었다. 일요일이라서인지 가족 단위로 제법 많은 사람들이 나와 텐트를 치고 낚시도 즐기고 있었다. 친구와 공기 좋은 한탄강변을 걷고 난 뒤 아침을 먹고 나서 이동하다 도로변에서 '38선' 표지석을 발견, 내려서 사진을 찍었다. 해방과 동시에 시작된 분단의 상징, 표지석은 이렇게 적고 있었다.

여기는 겨레의 한이 맺힌 남북 분단의 현장 38선입니다. 이 경계비는 1971년 5월 자연석으로 건립 이후 지역 주민의 표석이 되어 오다 일부 여론에 의하여 1984년에 철거되었으나 남북 분단의 아픔을 간직한 많은 실향민들의 통일을 위한 염원과 우리의 아팠던 과거를 후손들에게 일깨워주고 길이 역사의 교훈으로 삼고 유엔 가입을 경축하고자 이 비를 여기에 다시 건립합니다. 1991년 9월 17일 연천군수 OOO

옆에는 방역작업 중 순직한 사병을 추모하는 비, 한국전쟁 당시 미 제1기병사단 38선 돌파를 기념하고 UN군 전사자를 추모하는 비, 전쟁 후 홍수 상황을 시찰하다 순직한 미 육군 공병 장교 추모비 등이 줄줄이 있었다. 또 한국전쟁 때 참전한 16개국 국기와 함께 기념비가 멀찍이 보였다. 거리엔 '탱크(궤도차) 진입로'란 이정표도 보였다. 거제 친구랑 동행은 거기까지였다.

물어물어 찾은 옛 부대 앞 마을

다음엔 38~39년 전 복무했던 전방 부대 흔적을 찾아 나섰다. 가는 길 중간에 근무 부대였던 25사단 사령부 건물이 보여 사진을 찍었다. 전방 연대 소대에서 말번으로 근무하다 중대행정반 병기화학병으로 옮겨 가끔 연대본부엔 갔지만, 사단본부엔 제대할 때 휴양소에 잠시 들른 게 처음이자 마지막이었던 듯싶다.

전방 철책으로 투입되기 전 훈련 대대 주둔지였던 파주군 적성면 장파리 마을은 찾을 수가 없었다. 내비에도 나오지 않았다. 네이버 등 검색을 수차례 하고 연천군 적성면사무소, 연천군 파평면사무소, 옛 군부대 등에 수차례 전화한 끝에 겨우 마을을 찾았다.

40년 가까운 세월 기억 속에만 남겨졌던 마을. 그 거리는 그대로 있었지만 부대가 옮겨갔다는 소문이 사실인 듯 활기는 완전히 잃어 보였다. 영업을 하지 않은 지 오래돼 폐허로 바뀌어가는 듯한 상점, 간판은 있지만 손님 출입은 거의 없어 보이는 다방. 당시 연대로 '공용'(출장)을 가기 위해 부대 밖으로 나왔을 때 그 북적북적하던 작은 군사도시는 영 찾아볼 수 없었다. 꿀맛 같았던 부대

25사단 사령부 건물

찌게 집을 비롯해 휴가 복귀를 하다 들어가기가 싫어 소주를 한잔한 김에 귀대 시간을 넘기면서 괜히 버티던 다방도 찾기 힘들었다. 그때 억지로 발걸음을 이끌고 지각 귀대한 날 혼자서 완전군장을 하고 늦은 밤 연병장을 몇 바퀴 돌았다. 왜 그랬을까?

어릴 적 자전거를 배우질 못해 군대서 시간이 날 때 배워보려다 중상을 입을 뻔한 적도 있었다. 잠시 외출 기회를 잡아 장파리로 무작정 자전거를 끌고 나오다 내리막길에서 속도에 놀라 급브레이크를 잡았다. 갑자기 자전거에서 분리된 몸이 공중으로 붕 떠 도로 옆 논 바닥에 처박혔다. 그때 부드러운 논 바닥이 아니었다면 내 얼굴은 완전 엉망이 되고 중상으로 병원에 실려 갔으리라.

장파리는 21살 청년의 아픈 기억을 되살리게 해주는 곳이자 27개월 제복 속에서 국가의 강제력을 온몸으로 느끼게 해준 곳이었다.

수목원이 주는 평안함,
쁘띠프랑스 '어린 왕자'

22일차

북한강 줄기 청평댐이 조성되면서 생긴 인공호수 청평호 주변엔 온갖 펜션과 카페, 각종 종교시설 연수원 등 절경을 탐내 건축된 건물들이 병풍처럼 삥 둘러서 있었다. 과연 호수는 아름답고 평화로웠다. 수상스키를 즐기는 모습은 한 폭의 그림 같았지만 자연미가 사라진 것 같아 아쉬운 점은 있었다. 21일 늦은 오후 청평호를 바라보며 잠시 앉아 차 한잔하고 숙소로 차를 돌렸다. 숙소는 다시 서울 방향이었다. 아뿔사, 차가 막히기 시작했다. 일요일 오후라는 시점을 고려하지 않고 귀경 코스에 있는 숙소를 정했나 싶었다. 여기서도 수도권 인구의 거대한 이동을 실감할 수 있었다. 이쯤만 돼도 서울을 비롯한 수도권 거주자들이 주말을 이용해 즐겨 찾는 공간일 수 있겠다 싶었다.

연못정원·수국·소나무··· 반해버린 아침고요수목원

22일 해가 뜨거워지기 전 구경을 마칠 심산으로 오전 일찍 아침고요수목원을 찾았다. 태안 천리포수목원을 둘러보며 너무 감동을 해 여긴 얼마나 다를까, 또 다른 특징이 뭐 있을까 싶어 처음부터

가평 청평호수

비교를 하며 투어를 시작했다. 아내는 몇 가지 비교 포인트를 이미 갖고 있었다.

입장료는 아침고요가 천리포에 비해 조금 비쌌다. 수목원 역사를 조금 살피다 말고 바로 투어를 시작했다.

아내가 조금 둘러보다가 천리포수목원과 비교 포인트를 내놓았다. 천리포에 비해 아침고요는 인공미가 더 많은 듯하다고. 얼마 안 있어 조그만 정자와 연못, 오래된 나무, 수련, 멀리 지켜보는 산이 함께 어우러져 만들어낸 장면에다 물그림자까지 탄성이 저절로 쏟아졌다. 수목원 안에서 가장 아름다운 장면으로 보이는 연못 정원 서화연.

서화연은 우리의 전통 조경 양식을 계승하면서 심미적 아름다움을 극대화하고자 노력했다고 설명돼 있었다. 한국 정원은 부드러운 곡선미와 부등변 삼각형 구도의 비대칭 아름다움을 그 특징

아침고요수목원 풍경

으로 하는데, 서화연 역시 이러한 한국적 아름다움을 토대로 설계했다. 삼국시대 궁중 정원에 연못과 섬을 만들었던 전통처럼 자유 곡선형 연못과 작은 섬, 그리고 우아한 지붕의 곡선을 자랑하는 정자와 섬까지 연결된 곡선형 구름다리를 통해 한국적 선의 아름다움을 감상할 수 있다고. 정자 옆에 자리를 잡은 채 넋을 잃고 사진을 여러 컷 찍으며 감상하다 옆에서 지켜보던 방문객이 눈치를 주는 것을 알아차리고서야 '명당'을 내주고 슬며시 일어섰다.

첫 출발 지점 출렁다리를 비롯해 수국 포토존, 중간중간 나타나는 거대 분재 수준의 큰 소나무 등은 감탄을 자아냈다. 이어 수목원 중간에 모습을 드러낸 탁 트인 자그마한 잔디광장은 확실히 천리포와는 다른 분위기를 만들었다. 깊은 산 속 수목원에서 맛볼 수 있는 탁 트인 시야는 아침고요만이 가진 매력이었다.

수목원에서 나오는 길목엔 관광객들을 대상으로 한 음식점들이 길게 늘어서 있었다. 이 가운데 연예인들이 많이 찾고 TV 드라마나 먹방 프로그램 촬영도 많이 했다는 두부 전문집을 찾았다. 월요일 낮인데도 승용차가 17대나 주차해 있었다. 손두부 맛이나 두부로 만든 샐러드 맛이 구수한 게 맛집으로 손색이 없었다.

'어린 왕자'가 맞아준 프랑스 테마마을은 썰렁

오후엔 전날 찾았던 청평호수변 '쁘띠프랑스'를 찾았다. 프랑스를 유독 좋아하는 한국인 정서를 고려해 생텍쥐베리의 어린 왕자 캐릭터 등을 활용해 만든 프랑스 소개 테마마을이었다. 이곳도 월요일이긴 하지만 코로나 직격탄을 맞은 데다 마감 1시간 전 오후 5시여서 너무 조용했다. 유럽인들이 좋아하는 피노키오 인형 공연장엔 사람이 아무도 없는데 소녀 한 명이 더위에도 열심히 음악에 맞춰 공연을 하고 있었다. 우리 일행이 잠시 앉아 열심히 박수를 쳐주었다. 그 사이 다른 일행 서너 명이 옆에 앉았다.

구석구석 어린 왕자를 주제로 한 조형물이나 사진 촬영 포인트를 만들어놓아 프랑스 마을이 아니라 어린 왕자 마을이라고 해도 괜찮을 정도였다. 프랑스 전통 가옥 실내 분위기를 재현해놓은 집 몇 곳 등을 둘러보고 나왔다.

다음은 강원도 양구다.

아침고요수목원과
천리포수목원 다른 매력

동상이몽(18)

전국여행 17일째 천리포수목원에 갔을 땐 자연의 맛과 멋 그대로인 민낯 수목원이라서 좋았다. 그윽했고 꾸미지 않은 듯한 그러함이 친숙했다. 수풀 한 꺼풀을 벗기고 들어가면 비밀스럽게 펼쳐지는 시크릿 가든은 황홀경을 선사했다. 미로처럼 된 길을 따라 야생화와 원시림 풍경을 좇아가노라면 멀리 나뭇잎 속 조그만 구멍 사이로 천리포 해수욕장 파도가 철썩 눈길을 사로잡는다. 바다가 눈에 선하게 다가오면 숲속에서 한옥들이 이방인을 맞는다. 천리포수목원을 만든 외국인이 한옥을 너무도 사랑한 나머지 자신이 가꾼 수목원 숲 곳곳에 멋진 한옥을 숙소로 제공하고 있다. 남편 친구가 목련이 만개할 때 가보면 환상적이라며 추천해준 천리포수목원은 우리가 발걸음 했을 땐 목련이 다 지고 수국이 피려고 고개를 내밀었다.

경기도 가평 아침고요수목원은 꼭 가봐야 할 명소라고 소문이 나서 들렀다. 인위적인 냄새가 나는 수목원이지만 그래도 난 이곳이 더 볼거리가 많았다. 모 대학 원예학과 교수가 꾸몄다고 소개돼 있었다. 땅을 이리도 많이 살 수 있을 만큼 재력이 있으니 가능

경기 가평 아침고요수목원 한국 정원 '서화연'

한 일이요, 원예를 전공했으니 엄두를 낼 만한 일이었으리라.

개인적으로 아침고요수목원 중에는 한국 정원과 하늘 정원이 탐났다. 한국 정원은 경회루를 옮겨놓은 것 같은 착각을 불러일으켰다. 연못 위 정자로 연결되는 좁다란 계단으로 꾸역꾸역 건너가는 연출 사진까지 찍었다. 머릿속에, 가슴 속에 넣어둔 기억이 언젠가는 바래버릴 것 같은 우려 때문이었다. 사진은 그 순간을 잊지 않고 기록하니까. "여행 갔다 오면 남는 건 사진뿐이다!" 친구들끼리 여행 가서 우스갯말로 던지는 말이 곱씹어보면 딱 맞는 말일 때가 적지 않다. 하늘 정원은 새하얀 데이지꽃과 새빨간 양귀비꽃이 초록 잔디 위를 덮은 채 반겼다. 깔끔한 코발트색 하늘에 한 점 구름이 흘러가고, 초록색 정원과 총천연색 꽃들, 저 멀리 한눈에 들어오는 소나무와 흔들다리, 작은 정원, 그리고 수목원을 휘감고 있는 세 겹 산자락까지 나무랄 데 없었다.

　한 가지 아쉬운 점은 6월임에도 여름처럼 강렬한 햇볕이었다. 양산 없이는 한 걸음도 내밀기 힘들었다. 하지만 언제 또 올지 모를 아침고요수목원을 마치 100% 다 경험하고 가려는 듯 부지런히 두 시간을 걸었다. 일부러 문 여는 시간에 맞춰 오전 9시 입장했지만 온몸은 땀에 젖었다. 돌아 나오는 길에는 카페에서 수국을 배경으로 사진을 찍는 또 다른 사람들을 응시했다. 그날처럼 수박주스가 유난히도 맛있던 날을 아직까지도 만나지 못했다.

양구가 국토 정중앙?
박수근의 빨래터

23일차

가난한 화가를 사로잡은 빨래터 여인

경기도를 지나 강원도에 접어들었다. 첫 방문지가 양구다. 철책선 가까이 있는 군인 도시이겠거니 생각했는데 첫 슬로건부터 '국토의 정중앙'이란 문구가 눈에 들어왔다. 남·북한을 통틀어 땅의 정중앙에 양구가 있다는 이야기인가? 여기에다 파로호에 가면 한반도 모양 섬이 있고 박수근 미술관이 있다는 등 양구를 선전하는 내용이 곳곳에서 눈에 띄었다. 지방자치제 실시 후 각 지자체들이 관광객 유치는 물론 지역 특산물 판매 등을 위해 다양한 측면에서 스토리 만들기에 열심이라는 생각이 들었다.

22일 오후 늦게 도착해 저녁을 먹으러 양구 시내로 나섰다. 짐작대로 과연 군인도시구나라는 생각이 들게 만드는 풍경들이 눈에 들어왔다. 군인들에게 필요한 옷가지며 각종 장비 등 뭐든 살수 있는 '군인백화점'이 보였다. 음식점을 비롯해 가게 입구엔 '군인 환영'이란 문구가 군데군데 보였다. '장병들의 명소' 'O년 연속 군 장병이 뽑은 모범·친절업소' 등 선전 문구도 보였다. 역시 구매층 다수를 이루는 군인들의 눈길을 끌려는 모습이었다.

강원도 양구읍엔 군인 용품 판매점이 많다.

23일 오전 박수근 박물관으로 나섰다. 양구는 과연 박수근을 무척이나 아끼는 고장임에 틀림없었다. 시내 도로 가운데 '박수근로'가 있었고, 박수근 미술관은 시 사업으로 계속 증축을 거듭하고 있었다.

예술은 고양이 눈빛처럼/ 쉽사리 변하는 것이 아니라/ 뿌리깊게 한 세계를/ 깊이 파고드는 것이다

특이한 기법으로 한국인의 삶을 잘 표현했다고 평가되는 화가의 예술관이다. 부친의 사업 실패 후 혹독한 가난을 경험하면서도 그림이 좋아 그림에 매달렸던 천상 화가.
작가의 대표작 '빨래터' 그림 아래에 보면 그림이 탄생하는 과정과 작가가 빨래터를 대한 마음이 잘 나타나 있다. 작품은 시골 조

박수근 화백 조형물

그만 실개천가에서 6명의 여인이 빨래하는 뒷모습을 표현했다. 작가가 부인 김복순에게 보낸 편지에 이렇게 썼다.

일전에 어머니 점심을 가지고 빨래터에 갔을 때, 빨래하고 있는 당신을 본 후 아내로 맞이하기로 결심했습니다. 나는 그림 그리는 사람입니다. 재산이라곤 붓과 파렛트밖에 없습니다. 만일 당신이 승락하셔서 나와 결혼해주신다면 물질적으로는 고생이 되겠으나 정신적으로는 그 누구보다 행복하게 해드릴 자신이 있습니다. 나는 훌륭한 화가가 되고 당신은 훌륭한 화가의 아내가 되어 주시지 않으시겠습니까

그의 대표작이 바로 아내 될 여인을 처음 본 순간을 묘사한 작품인 셈이다. 가난한 예술가의 솔직하면서도 대담한 청혼이었다. 그는 사망할 때까지 작품을 제대로 인정받지 못하고 가난한 작가의 삶을 살았다. 사후엔 한국인이 사랑하는 대표 작가 반열에 올랐지만.

박수근 미술관 안에서는 고 김종호 건축가가 주변 환경과 최대한 어울리게 설계했다는 건축 취지를 볼 수 있다. 건축가가 붙인 미술관 별칭은 '자연에 새겨진 익숙한 질서를 존중하는 궁극의 기념홀'이다.

"건축이 선다는 것은 땅이 가진 질서를 지워 가는 행위다. 오래전부터 지속돼온 땅의 형상을 파괴하는 것은 누군가에는 기억을 지워버리는 행위이며, 그 장소가 가지는 정체성을 훼손하는 행위이다.

그런 의미에서 이 골짜기의 논처럼 오래전부터 주변 산세와 어우러져 단단히 펼쳐지는 이 땅의 질서를 보존하는 것이 낯설지 않은 풍경 속에서 가장 박수근스러운 소박함과 그의 작품 세계를 대변하는 것이 아닌가 싶다.

이미 박수근 미술관을 설계할 때부터 자연의 질서에 존중하는 형태로 계획했다. 오히려 능선에 묻혀 이곳 능선 자락에 생명력을 풀어놓고자 했던 것이다. 이 맥락에 이어서 박수근 파빌리온도 최대한 그 질서를 인정하면서 동화되고자 한다. 박수근 선생이 유년시절 거닐고 생활했던 이 아름다운 땅에서 관람객 또한 낯설지 않은 풍경을 맞이하며 교감하고자 하는 바램이고, 파빌리온이 들어서기 전 이 땅이 가졌을 익숙한 질서를 존중하고자 한다."

양구군 국토정중앙면(面) 탄생

박수근을 뒤로하고 양구가 자랑하는 또 한 곳, 한반도섬을 찾아 나섰다. 날씨가 뜨거웠다. 시내를 돌다 이정표를 보고 찾아간 파로호 어귀. 길 옆에 주차하고 내려다보니 호수 가운데 섬이 어떻게 한반도처럼 생겼는지 분간이 잘 안 갔다. 날씨가 더워 그냥 철수하려다 왼쪽 길 건너편 작은 동산으로 올라가는 계단 입구를 발견했다. 잠시 고민 끝에 오르기로 했다.

과연, 전망대에서 바라보니 호수 가운데 한반도 모양의 섬이 그런대로 보였다. 2007년에 163만m² 크기의 파로호 안에 4만

강원 양구 한반도섬

5000m²로 조성한 섬. 안내판에 있는 모습만큼 선명하진 않았지만 제주도까지 넣어 남·북한이 다 들어간 한반도 모양 섬이 맞았다. 한반도의 정중앙이란 양구에서 어떤 생각으로 한반도섬을 인공적으로 만들었을까.

실제 국토의 정중앙점을 찾아 나섰다. 양구군 남면 도촌리 산 48 일대. 좌표로는 동경 128도 02분 02.5초, 북위 38도 03분 37.5초.

현장 입구엔 '대한민국 헌법 제3조에 근거한 우리나라 영토 개념이 한반도와 그 부속도서인 점을 고려했을 때 섬을 포함해 우리나라의 공식적인 동서남북 4극 지점을 잡을 수 있고, 이 4극 지점을 기준으로 중앙경선과 중앙위선의 교차점이 우리 국토의 정중앙지점'이라고 설명해 놓았다. 제주 마라도(극남)와 함북 온성군 유포면(극북), 독도(극동), 평북 용천군 마안도(극서)를 연결하는 직

사각형을 만들면, 양구군 남면이 정중앙에 있다는 것이다.

차를 몰아 정중앙봉 입구 주차장까지 접근했지만 폭염에 봉우리까지 올라가는 것은 무리일 것 같았다. 주변 조형물을 감상하고 사진을 찍는 것으로 만족하기로 했다.

(국토정중앙이란 개념이 생겨난 이후 양구군 남면을 국토정중앙면으로 바꿔야 한다는 여론이 일기 시작했다. 이에 따라 양구군은 여론조사를 거쳐 지난해 11월 '양구군 남면의 명칭 변경에 관한 조례'를 제정, 2021년부터 적용하기로 했다. 양구군과 국토정중앙면명칭변경추진위원회는 2021년 1월 4일 오후 국토정중앙면사무소광장에서 국토정중앙면 선포식을 열었다. 광역 혹은 기초 지방자치단체 명칭과 구역 변경은 국회 동의를 얻어야 하지만, 지자체에 속한 읍·면·동 명칭은 자체 조례 개정만으로 바꿀 수 있다.)

◆ 우리나라 국토와 '영토'

양구군 국토정중앙면은 우리 국토를 한반도 전체, 남·북한을 통틀어 말하는 것을 전제로 한다.

고려시대 이후 한 국가를 유지해온 우리나라는 일제로부터 해방된 후 타의에 의해 남북으로 분단됐다. 이후 유엔에도 남쪽의 대한민국과 북쪽의 조선인민민주주의공화국(북한)이 별도로 가입했다. 남·북한이 국제사회에서 엄연히 별도 국가로 활동하고 있는 것이다. 그런데 우리 국토 개념은 여전히 북한을 아우르는 것으로 돼 있다. 두 사안이 '충돌'하고 있는 것이다.

국토와 영토 문제는 조금만 자세히 들여다봐도 남·북 문제는 물론 한·미 관계, 북·미 관계를 비롯한 국제 무대에서 상당히 복잡하고 미묘한 함의를 갖고 있고 국내에서도 상당히 복잡한 논란 소지와 의미를 담고 있다.

우선 대한민국 헌법을 보자. 헌법 제3조는 '대한민국의 영토는 한반도와 그 부속도서로 한다'고 규정하고 있다. 이 조항에서는 이미 한반도 전체를 영토로 보고 있는 것이다. 그런데 바로 이은 헌법 제4조는 '대한민국은 통일을 지향하며, 자유민주적 기본 질서에 입각한 평화적 통일 정책을 수립하고 이를 추진한다'고 밝히고 있다. 3조 영토 조항에서는 한반도를 한 몸으로 규정해놓고 바로 이어서 북한의 존재를 의식하며 통일을 과제로 거론한 것이다.

2017년 헌법 개정이 논의될 당시 국방부는 헌법 제3조 영토 조항 개정에 대한 의견을 검토, 현 조항을 그대로 유지해야 한다는 결론을 법제처에 보고한 것으로 보도됐다. 국방부는 검토 의견에서 "대한민국의 영역은 구한말 시대의 국가 영역을 기초로 하며 우리의 영토 범위를 명백히 함으로써 타국의 영토에 대한 야심이 없음을 선언한 것"이라고 설명했다. 이어 "한반도에서 유일한 합법정부는 대한민국뿐이며, 휴전선 이북 지역은 북한이 불법적으로 점령한 미수복 지역"이라고 규정했다. 헌법 제3조의 영토 조항은 국가보안법의 근거이기도 하다. 북한 정권은 이 조항에 따라 '반(反) 국가단체'로 규정돼 이를 지지·찬양하면 국보법 위반으로 처벌받게 된다.(연합뉴스, 2017.5.3)

2005년 10월 헌법 개정 논의가 이뤄질 당시엔 정부 측에서 1991년 북한 유엔 가입, 1992년 남북합의서 채택 등으로 환경이 변한 것 등을 지적하며 영토 조항 개정이 거론되기도 했다. 하지만 당시에도 영토 조항을 개정할 경우 탈북자들을 외국인으로 처리해야 하는 문제가 발생하고 북한이 영토 일부를 외국에 할양하거나 매각할 경우, 북한에 급변 사태가 발생할 경우 등에도 개입할 명분이 없어진다는 문제점이 지적됐다.

여기에다 북한의 경우 사회주의 헌법에선 영토 조항이 없지만 최상위법인 조선노동당 규약에선 대남 적화통일 전략을 명시하고 있다. 규약 서문은 "조선로동당의 당면 목적은 공화국 북반부에서 사회주의 강성국가를 건설하며 전국적 범위에서 민족해방민주주의혁명의 과업을 수행하는 데 있으며…조선로동당은 남조선에서 미제의 침략무력을 몰아내고 온갖 외세의 지배와 간섭을 끝장내며…"라고 밝히고 있다.

이 같은 내용을 종합해볼 때 현실적으로는 국제 무대에서 남·북한은 두 국가로 활동하지만 통일을 지향하는 한국 입장에선 장기적으로나 전략적으로 '한반도와 그 부속도서'로 영토 조항을 두는 것이 불가피하다는 것이다.

한편 〈한겨레〉는 조선노동당 새 규약의 서문을 확인한 결과, "조선노동당의 당면 목적"으로 제시됐던 "전국적 범위에서 민족해방민주주의혁명 과업 수행"이라는 문구가 삭제됐다고 보도했다.(2021.6.1.) 이는 김일성 주석이 1945년 12월 17일 '민주기지론'(북은 남조선혁명과 조선반도 공산화의 전진기지라는 이론)을 제창한 이래 80년 가까이 유지해온 '북 주도 혁명 통일론'의 사실상 폐기이자, 남북 관계 인식 틀의 근본적 변화를 뜻한다고 밝혔다. 이를 놓고 국내 북한 전문가들 사이에선 북이 통일을 포기했다고 보는 것은 지나친 억측이라고 반박하는 등 논란이 일었다.

통일전망대 입구서 뒤돌아서
김일성·이승만 별장 구경

24일차

코로나로 막힌 전망대··· 초등 친구 상봉

양구 갈 때도 그랬지만 23일 오후 속초로 넘어가는 길 역시 강원도 험준한 산악 지형 속으로 안기는 기분이었다. 속초 숙소 앞은 온통 횟집과 건어물상 천지였다. 어느 곳을 가나 그 지방 특산물 중심인 것은 도리가 없지만 상점마다 천편일률적인 상품 구성과 분위기는 여전한 듯했다. 고객은 어디서 왔건, 무엇을 선호하건 거기에 입맛과 취향을 맞춰야 한다.

밤바다를 바라볼 수 있는 횟집에 앉아 음식을 기다리는 동안 각설이 복장을 한 부부가 나타나 약식 공연을 하면서 엿을 팔기 시작했다. 옆 자리에 앉은 신명 많은 여자 손님이 각설이 춤 장단에 맞춰 어깨춤을 같이 추자 이를 놓칠세라 각설이 분장을 한 남자가 쫓아와 엿 2만 원어치를 안기고 갔다. 남편이 음식점 앞 도로에서 엿장수 가위를 양손에 들고 꺽꺽이며 춤을 추면 아내가 엿을 들고 가게 손님 속으로 다니며 파는 식이었다. 자주 나타나는 모습인지 가게 주인들도 싫지 않은 표정으로 바라보고 있었다. 우리도 한 봉지를 사서 입맛을 다셨다. 한 바퀴 횟집들을 훑고 간 각설이 부부는 조금 있다가 다시 나타났다. 수박과 참외를 가득 싣고 마이크로 방송을 하는 트럭도 두어 차례 주변을 배회했다. 코로나에다 불경기에 벌이가 시원찮아 저녁 9시가 넘은 시각에도 가족들이 기다리는 집으로 돌아가지 못하는 것이리라.

24일 아침 일찍 숙소 앞 방파제를 한 바퀴 돌았다. 동해안 경치야 말할 나위가 없고, 바람도 적당해 걷기엔 너무 좋았다. 방파제 끝 빨간 등대까지 걸었다. 등대를 세운 뜻이 무엇일까 다시 생각해 보았다. 바닷길을 항해하는 배가 아니더라도 길을 걷던 사람들한테도 이정표가 돼준다. 빨간색으로 칠한 등대를 보면 왠지 가까이 가고 싶은 생각이 들기도 하리라. 등대 표면엔 바닷바람에 흩뿌리던 빗물이 옅게 묻어 있었다.

아침을 먹고 비가 오기 전에 가장 먼 코스인 고성 통일전망대부터 갔다 오자는 생각에 길을 나섰다. 차로 얼마를 달렸을까? 도로변에 '코로나 바이러스 확산으로 2월 25일부터 통일전망대 운영을 잠정 중단한다'는 현수막이 그때서야 보였다. 아뿔싸!

그래도 기왕 길을 나섰으니 전망대 건물이라도 보든지, 최대한 전망대 가까이 가보자는 생각에 차를 계속 몰았다. '전망대 접근 차량확인소' 간판이 나와 그리로 들어갔다. 전망대에 가는 차량은 모두 그곳을 거쳐 가도록 돼 있었다.

내려서 상황이라도 물어보려고 했더니 근무자는커녕 아무도 없고 쇠사슬로 출입문을 걸어 잠가놓았다. 옆에 안보교육장이라고 쓴 건물 앞에 중년 남자 몇이 서성이고 있었다. 관계자는 아닌 표정이어서 묻지도 않고 돌아나왔다.

강원도 고성 통일전망대 가는 길

　그래도 차를 전방 방향으로 계속 몰았다. 조금 가니 검문소가 나타났다. 군인들이 이젠 더 이상 못 가니 차를 돌려 가라고 했다. 회차 지점. 오래전 기자협회 행사로 고성 통일전망대를 찾았던 기억을 되살리며 씁쓸한 맘으로 차를 돌렸다.

　비가 조금씩 내리고 배가 출출해왔다. 요기를 할 요량으로 차를 화진포 해수욕장 방향으로 몰았다. 이정표엔 해수욕장과 함께 이승만 별장이 있다는 표시도 있었다. 이승만 별장 쪽으로 갔더니 웬걸, 주변에 김일성 별장도 있고 이기붕 별장도 있었다.

　분단된 남북을 통치하던 인물들의 별장이 나란히 있었다는 점에서 우선 눈길이 갔다. 거기다 고성 화진포에 어떻게 김일성 별장과 이승만 별장이 함께 있을까 궁금증이 유발돼 보지 않을 수 없었다. 해방 후 갑자기 38선을 그어 남북으로 갈라졌고 이곳이 한국전쟁 전엔 북측에 속했던 지역이었음을 보여주는 장면이리라. 생각지도 못했던 3인의 별장을 구경하고 나서 다시 속초 시내로

왔다.

경남 밀양 시골 마을에서 초등학교를 다니다 도시로 나가는 바람에 헤어졌던 친구를 거기서 만났다. 거의 50년 만이다. 열 살 갓넘어 헤어졌다가 환갑이 다 돼 만난 친구는 옛 모습 그대로였다. 찻집에서 반갑게 정담을 나누다 다시 만날 것을 약속하며 헤어졌다.

◆ 다시 가야 할 통일전망대

통일전망대 전경(출처: 고성군 홈페이지)

통일전망대까지 가서 북녘까지 바라보고 싶은 욕망이 가득했지만 코로나가 길을 막았다. 아스팔트 도로 위에서 돌아서고 말았지만 고성군 홈페이지를 보며 아쉬움을 달랬다.

통일전망대

분단의 아픔과 통일을 염원하는 마음을 되새기기 위해 1984년에 지어졌다. 전망대에 서면 금강산 구선봉과 해금강이 지척에 보이고, 발아래 북으로 동해선 남북 연결도로가 눈에 들어온다.

동해안 최북단 강원도 고성군 현내면 명호리 해발 70m 고지에 들어섰다. 금강산과 해금강은 물론 해금강 주변 섬과 만물상(사자 바위), 현종암, 사공암, 부처바위 등도 조망할 수 있다. 날씨가 맑으면 금강산 최고봉인 비로봉도 볼 수 있다.

통일전망대에 출입하려면 통일안보공원에서 신고 후 교육을 받아야 한다. 통일전망대 안에는 6·25전쟁체험전시관도 있다. 이곳은 동족상잔의 비극을 교훈으로 삼고, 민족 화합과 평화통일 염원을 담은 곳이다.

6·25전쟁의 참상과 당시 상황을 사진과 영상, 자료와 유물 등으로 체험할 수 있게 했다.

DMZ 박물관

DMZ 박물관(출처: 고성군 홈페이지)

한국전쟁 휴전 후 만들어진 DMZ의 의미와 전쟁 발발 전후 모습, DMZ 생태환경 등을 보여주는 곳으로 2009년 8월에 건립됐다. 비극적 현장이지만 세계인에게도 역사적 교훈이 되고 있고 비록 축복받지 못한 유산이지만 보존하고 전승하는 일이 매우 중요하다고 고성군은 밝히고 있다. DMZ박물관은 남·북한의 문화 동질성을 회복하고 통일을 준비하는 화합의 장이 될 수 있도록 자료 조사, 수집, 보존, 전시, 교육, 연구 등에 힘쓰고 있다고 한다.

박물관은 통일안보공원을 지나 통일전망대로 가는 길목에 있어 통일전망대 출입신고와 교육을 받으면 들어갈 수 있다. 코로나 이전에는 연중 무휴 개방했다.

◆ 화진포 김일성·이승만 별장

화진포의 성

화진포는 해수면 상승으로 바다 일부가 호수로 바뀐 석호(潟湖)다. 석(潟)은 개펄이란 뜻이다. 화진포호를 중심으로 울창한 송림으로 둘러싸여 워낙 경관이 빼어나 예로부터 유

화진포의 성

명 정치인들 별장이 많았다. 한국전쟁 이전 김일성이 별장으로 사용하던 '화진포의 성'을 비롯해 이승만대통령 기념관 겸 별장, 이기붕 별장 등이 남아 있다. 고성군은 이 3곳을 묶어 역사안보전시관으로 운영하고 있다.

고성군은 38선 이북에 위치하다 보니 해방 후 한국전쟁 전까지 북한에 속해 있었다. 북 공산당이 자연경관이 빼어난 고성 화진포에서 귀빈 휴양소를 운영한 것으로 보인다. '화진포의 성'은 한국전쟁 전까지 김일성은 물론 그의 처 김정숙, 아들 김정일, 딸 김경희 등이 하계 휴양을 위해 찾다 보니 김일성 별장으로도 불렸다.

화진포의 성은 원래 일제시대인 1938년 선교사 셔우드홀 의뢰로 독일 건축가 베버가 지었다. 1940년 셔우드홀이 일제에 의해 강제 추방될 때까지 예배당과 가족 별장으로 사용했다. 애초 일제는 1937년 중·일 전쟁을 일으키면서 원산에 있던 외국인 휴양촌을 비행장 부지로 사용하려고 철거하고 100마일 남쪽에 위치한 고성 화진포로 강제 이주시켰다. 휴양촌 이주를 담당했던 셔우드홀이 독일 히틀러를 피해 한국에 온 베버에게 부탁해 이곳에 유럽풍 건물을 짓게 했다.

해방 후 김일성 일가 별장으로 사용됐던 건물은 한국전쟁으로 불에 타 흉물로 바뀌었다. 1964년 온전히 복구돼 군 장병들 휴양시설로 사용되기도 했으며, 2005년 새로 단장해 현재 모습을 갖추게 됐다.

화진포의 성을 처음 지은 셔우드홀은 의료 선교를 위해 1926년 조선에 들어왔다. 미국에서 결핵 관련 공부를 했던 그는 국내 최초 결핵요양병원을 설립했다. 조선인들의 결핵 퇴치 재원을 마련하기 위해 1932년 국내에서 처음으로 크리스마스 씰을 도입하기도 했다.

이승만 별장

1954년 27평 규모로 지어져 1960년 4·19혁명으로 물러날 때까지 이승만 대통령이 별장으로 사용했다. 이후 방치돼 폐허로 철거되었다가 다시 지어 육군 관사로 사용했다. 1999년 원래 자리에 별장을 1차 복원해 기념관 형태로 사용해오다 2007년 8월 건물을 보수하고 별장에 있던 일부 유품과 이화장에서 자료를 추가로 기증받아 '이승만 대통령 화진포 기념관'으로 개관했다.

기념관 안에는 반탁·반공 정신으로 시작된 건국 당시 상황과 제헌 국회 초대 대통령 취임, 대한민국 수립과 선포 등 이승만 대통령의 행적 관련 자료가 전시돼 있다. 친필 휘호, 의복과 소품, 관련 도서를 비롯해 침실과 거실, 프란체스카 영부인과 함께 집무실에 앉아 있는 모형 등도 있다.

이승만 대통령 화진포 기념관

이승만 기념관을 장식한 판넬 내용을 보면 전체적으로 그의 생애 전반을 긍정적으로 평가하고 '존경'하는 내용으로 일관돼 있다. 마지막 부분 '이화장으로 돌아가는 이 대통령과 몰려온 국민' 부분에서는 이렇게 묘사하고 있다.

5월 말이 되자 허정 과도정부에서 이승만 내외에게 휴양을 위해 잠시 하와이에 다녀올 것을 권유했다. 마실 것과 점심 등을 담은 가방 하나, 옷 트렁크 두 개, 그리고 타자기가 짐의 전부였다. "여러분 방공을 잘해 주시오. 한국을 잘 도와주시오"라는 한 마디를 남기고 떠난 노 애국자는 잠깐 다녀오겠다고 생각했지만, 그토록 사랑하는 조국 땅을 다시는 밟지 못했다. 사람들은 이를 망명이라 말했다. 그러나 오늘 우리는 진실을 말할 수 있다. 그의 정적들은 망명자라는 굴레를 씌워 매도했으나, 그 시대를 살았던 국민은 이승만 박사를 존경하고 사랑했음을…

이기붕 별장

김일성 별장 조금 아래쪽에 위치한 이기붕 별장 역시 1920년대 외국 선교사들에 의해 지어졌다. 해방 이후엔 북한 공산당 간부들 휴양소로 사용됐다. 한국전쟁 휴전 후 이기붕 부통령 부인 박마리아 여사의 개인 별장으로 사용돼오다 폐쇄됐다. 1999년 7월 역사안보전시관으로 개수해 다시 문을 열었다.

관광상품 된 철책선,
오죽헌에서 정동진까지

25일차

코로나 '생활 거리 두기' 50여 일, 부부 한반도 종줏길 25일째.

한국전쟁 상흔이 곳곳에 남아 있는 강원에서 6·25기념일을 맞았다. 저녁 숙소에서 TV를 켜니 문재인 대통령이 기념사를 하고 있었다. 뉴스를 오래 한다 싶었는데 다시 보니 라이브 방송이었다. 지금 시각에 대통령이 기념사를 하다니. 고령 한국전쟁 참전용사들을 배려해 처음으로 저녁 늦은 시간대에 기념식을 했단다. 여느 행사처럼 고령 참전용사들은 식장에서 거리를 두고 띄엄띄엄 앉았고 외국 사절을 포함한 외부 인사들도 제한적으로 참석한 듯했다.

대통령은 세계에서 유례가 없는 이 슬픈 전쟁은 이제 완전히 끝내야 함을, 명실상부하게 휴전이 아닌 종전에 이르러야 함을 강조하고 있었다. 북한도 담대하게 이에 나서라고 촉구하고. 이윽고 전사자 수백 명 유해가 태극기에 싸인 채 대통령을 맞고 있었다. 아, 이들은 어느 전선, 어느 전투에서 북한군을 향해 총을 겨누다 죽임을 당했을까. 이들은 누구의 아들이고 누구의 아비였을까. 전쟁 포성이 멎은 지 70년 가까운 세월 만에 작은 상자에 담긴 유골로

속초 파도향기길

국민들과 유가족 앞에 나타났다.

대통령 메시지 가운데 '우리의 전쟁 와중에 특수를 누린 측도 있었다'는 지적이 유난히 귀에 들어와 박혔다. 이웃 일본을 겨냥한 것으로 들렸다. 트럼프 미 대통령이 처음으로 6·25 참전용사묘를 참배했다는 뉴스도 나왔다. 미국, 일본, 그리고 중국, 러시아, 그리고 북한.

아침에 돌아본 숙소 근처 '파도향기길'은 동해 바다의 시원함과 끝없음을 잘 보여줬다. 남해와 서해에선 좀처럼 볼 수 없었던 높은 파도가 잠시나마 긴장하게 만들기도 했다. 데크를 따라 걸으니 인근 콘도 숙박객인 듯, 사람들이 중간 지점에서 쏟아져 나왔다. 마스크를 다시 여몄다. 곳곳에서 사진을 찍고 영상도 담았다. 조금 걸어 모퉁이를 도니 해안 철책선이 나타났다. 사진에 담았다. 분단의 상징, 전쟁을 70년 동안 끝내지 못하고 여전히 휴전 상태임을 여실히 보여줬다. 조금 더 걸어가니 아예 철색선이 길게 원래 모습을 유지하고 있었다. 위엔 초소가 보인다.

철책선 시작 지점엔 안내판도 있었다. 1960년대 무장공비 침투 사건과 1990년대 좌초 북 잠수함 발견 등이 일어나는 동안 동해안 철책선은 중요한 역할을 해왔다고 강조돼 있었다. 그리고 최근 남북 화해 무드가 조성되면서 65년 만에 관광객에게 공개하게 됐고 파도향기길로 조성하기에 이르렀다고.

공개된 철책을 따라 걸어가니 중간중간 마름모꼴 철망 사이엔 플라스틱 모양 메모고리를 만들어 방문객이 소원을 적어 걸도록 해놓았다. 철색선-분단-안보의 관광 상품화다. 철조망에 순찰돌을 끼워 넣도록 유도하는 안내문도 보였다.

'견득사의(見得思義)' 율곡 "천하경영에 억울함 없어야"

강릉으로 내려갔다. 바닷가에 커피거리가 조성돼 있었다. 강릉에 커피거리가 생긴 연유가 궁금했다. 바다가 보이는 거리를 따라 카페가 쭉 늘어서 있었다. 커피맛도 크게 다르지 않았다. 시내로 나온 김에 우체국으로 가 서울 동생에게 지팡이를 부쳤다. 다리를 다쳐 집 안에서도 목발에 의지한다는 말을 듣고 지팡이가 편리하겠다 싶어 사둔 것이었다. 포장이 쉽지 않았는데 옆 손님이 쓰고 버리는 포장 박스 자투리를 이용해 통을 만들어 보냈다. 개운했다.

강릉에 온 김에 오죽헌에 가보기로 했다. 율곡과 신사임당을 학교에서 배우며 많이 들어봤지만 오죽헌은 가보지 못했다. 오후 3시 반, 마침 문화해설사 해설 시간이어서 다른 방문객과 같이 설명을 들으며 편하게 한 바퀴 돌았다. 오죽헌 입구에 세워둔 율곡의 동상부터가 특이했다. '견득사의(見得思義)', 이득을 보거든 옳은 것인가를 먼저 생각하라는 일갈이 가슴 깊이 들어왔다. 율곡의 손가락도 화제였다. 존경하는 인물의 그것을 만져보라는 권유에 아이들도 어른들도 많이들 만지고 지나갔는지 반짝반짝 빛났다.

신사임당 '초충도' 원본도 처음 봤다. 조선조를 산 여성이 결혼 후에도 서화를 쉬지 않고 정진해 지금껏 그림으로도 존재를 알릴 수 있는 것 자체가 대단하다 여겨졌다. 율곡이 특히 모친에 대한 사랑이 극진했고, 모친 별세 후 3년상을 치른 후에도 금강산에 다시 들어가 1년을 지냈다는 설명을 듣고 가슴이 아렸다.

율곡이 금강산에서 돌아온 후 살아 계신 외할머니를 뵙고 바쳤다는 '자경문'도 눈길을 끌었다. 내용을 보면 20세 청년의 결심 치곤 대단했다. '재산과 명예에 마음을 두지 않고, 아무리 포악한 사람도 감화시키고, 천하 경영에 억울한 희생이 없어야 한다'는 정의 부분 등이 감동적이었다. 신사임당이 시어머니 보살피러 한양으로 가 있는 동안 친정어머니를 그리며 쓴 시도 애절했다.

외할머니 병환이 위중하단 전갈을 받고 율곡이 임금한테 사직 상소를 내고 오죽헌에 내려와 할머니 거처와 자신의 방을 밤새 오가며 노심초사했다는 설명이 귓가에 오래 남았다.

율곡 모자의 스토리에 흠뻑 젖었다가 나오면서 기념품 가게에 들렀다. 아내에게 신사임당 초충도 우산을 하나 선물했다. 언젠가 부산 국제영화제 구경을 갔다가 샀던 오드리 헵번 양산을 잃어버린 후 두고두고 아쉬워했던 게 생각났다.

오후엔 정동진으로 내려가 숙소를 잡았다. TV 드라마로 유명세를 탄 작은 바닷가 마을은 언제 그랬냐는 듯 조용했다. 방을 잡은 작은 호텔에는 손님이 30%나 찼을까. 앞 모텔은 불 켜진 곳이 거의 없었다. 음식점들도 텅 비었다. 해수욕장 어귀에선 여관 주인으로 보이는 중년 여자가 호객을 하고 있었다.

해가 지기 직전 무렵, 바닷가 풍광이 멋진 정동진 역 안으로 들어가 정취를 즐겼다. 사진을 여럿 찍으며 바다를 바라보고 있는 동안 마침 기차가 한 대 지나가 드라마 속 한 장면을 연출했다. 역사를 벗어나 해수욕장 백사장 흔들그네에 앉아 한참 동안 바다를 조용히 바라보았다.

연결된 백사장을 따라 걷다 모래시계 공원 팻말을 따라갔더니 세계적 규모라고 자랑해놓은 거대한 모래시계가 설치돼 있었다. 원형 모래시계는 하루가 아닌 1년을 알려주는 시계로 제작돼 있었다. 형식도 '1년의 모래시계'였다. 이름은 '정동진 밀레니엄 모래시계'. 지름 8m 6cm, 폭 3m 20cm 크기였다. 시계에 들어간 모래량만 무려 8t이었다. 1999년 11월 준공됐다.

모래시계 옆엔 1년짜리 해시계도 있었다. 옆엔 객차가 길게 연결된 열차로 만든 시간 박물관까지. 한때 인기를 끌었던 드라마 '모래시계' 열풍으로 시작된 관광 붐이 지자체로 하여금 이렇게 다양한 시설을 만들도록 했다. 새해가 되면 일출을 보려고 엄청난 인파가 몰렸다는 뉴스에 단골로 나오는 곳이다.

아슬아슬하게 구경한
정동진역 풍광

동상이몽(19)

'정동진역 무박 2일 기차여행'. 창원중앙역에 가면 기차 관광 홍보 전단 중에 정동진역 자료가 있다. 언제나 역에 갈 때면 그 전단에 시선이 머물렀다. 일출이 멋져서 해마다 1월 1일이면 인산인해를 이룬다는 정동진역에 언제 가보나 했다. 당연히 ㅁ자 전국여행인데 동해안 코스에서 뺄 수 없는 곳이다.

강릉 오죽헌에 들렀다가 낙산사 의상대, 카페거리까지 섭렵하고 정동진에서 하룻밤 자보려고 온종일 강행군을 했다. 오후 6시무렵 숙소에 여장을 풀었다. 6월 태양은 저녁 7시 30분쯤 자취를 감추는지라 짐만 대충 부려놓고 정동진역으로 향했다. 다음 날 아침에는 하슬라미술관을 보기로 미리 결정했기 때문에 이날 저녁에 정동진역을 봐야만 했다. 휴대폰 내비에 정동진역을 찍고 왼쪽마을길을 걸어서 역을 찾으려 하니 잘 보이지 않았다. 골목길을누비다가 생각보다 조그마한 정동진역을 만났다. 그런데 역 안으로 들어가 철로 안으로 성큼 들어서려고 하니 입장을 못 하게 했다. 퇴장 시간이 7시라는 것이다. 아뿔싸! 우리가 도착한 시간은 6시 59분쯤이었다.

사정사정 했다. 김해에서 여기까지 벼르고 별러 왔는데 잠시 10
분만 둘러보고 나오겠다고. 정동진역 관계자와 이런 긴박한 대화
를 나누는 동안 철로 저편엔 동해 바다가 출렁였다. 가슴이 콩닥
였다.

"아직 해도 지지 않았는데 멀리서 온 관광객이니 잠깐 사진만
찍고 나올게요" "코로나 시국이라 사람도 아무도 없네요 소문난
명소라고 하니 기록 차원에서 조금만 둘러보면 안 될까요?"

"10분 만입니다"라는 말이 떨어지기가 무섭게 역 안으로 들어갔
다. 밖에서 보던 경치와는 너무나 달랐다. 왜 많은 이들이 이곳을
찾는지 단박에 알아챘다. 해는 물속으로 숨어들려고 오만 가지 붉
은 빛을 자아냈다. 어린 시절 기찻길 위에서 뛰놀던 것처럼 바쁜
걸음으로 철로 위를 거닐어봤다. 넘실대는 동해 바다를 배경으로
사진도 남겼다. 고맙게도 경치에 매료돼 감탄을 해대는 내 모습을

봤는지 10분보다 더 많은 시간을 할애해줬다.

역은 그리움, 향수, 아쉬움 같은 감정이 드는 곳이다. 아무런 사연 하나 없는 장소인데도. 그래서 지역마다 역을 관광 요소로 잡아서 이야깃거리를 만들면 적어도 실패하진 않아 보인다. 폐철로를 활용한 다양한 관광지가 계속 생겨나는 이유다. 와인터널이 주류를 이루긴 하지만.

정동진역은 복 받은 역이다. 아름다운 동해바다가 95% 이상을 차지한다. 바다이기 때문에 태풍 등 자연재해로 힘겨울 때도 있을 테다. 하지만 바다와 동행하는 덕에 명소라는 지역브랜드도 갖게 됐다. 정동진역에 느긋하게 앉아서 그날 그 풍경을 스케치하는 여유를 여기서도 못 부렸으니 애석하다. 지금은 아쉬워도 그땐 마냥 행복했다.

부부의 역사 하슬라미술관 옆 '새벽 3시 남침탑'

26일차

6·25 03시 침투 "평화 원하면 전쟁 대비"

강릉의 옛 지명이 '하슬라'란 건 이번 여행 중 처음 알았다. 그리고 이 이름을 따 예술가 부부가 대단한 갤러리 겸 호텔을 지어놓았다는 것, 또 한국전쟁 관련 숨겨진 일화가 강릉에 있다는 것 등 새로운 사실의 연속이었다. 정동진역 앞 숙소를 떠나 하슬라 미술관을 보러가는 길에 우연히 '6·25남침 사적탑'이란 간판을 보고 차를 세웠다.

사적 입구 조형물을 들여다봤다. '6·25 남침현장… 그대, 평화를 원하거든 전쟁에 대비하라. Freedom is not Free'. 몇 번 들어본 문구였지만 이곳이 바로 전장이었다고 생각하니 유난히 강렬하게 다가왔다. 안쪽 탑으로 접근하니 새로운 안내판이 있었다.

굳이 그곳에 사적탑을 세운 이유도 있었다. 통상 북한의 남침 시각은 1950년 6월 25일 새벽 4시로 알려져 있다. 그런데 이보다 한 시간 앞선 새벽 3시에 북한 제549(육전대/해병) 부대 선발대가 이곳 강릉 등명동 해안에 첫발을 내딛은 사실을 증언하기 위함이라고 설명하고 있었다. 그러니까 6·25 전쟁이 최초로 발발한 역사의 현장이라는 것이다. 여기다 첫 희생자 심경섭을 비롯해 동란 중 민간인 희생자 100만 명 애국혼을 일깨우기 위함이라는 말도 덧붙여 놓았다. 민간인희생자 기념관 건립 시급성도 이야기하고 있었다.

그리고 보니 '1950.6.25. 03:00'라고 구체적 시각을 표시한 6·25 남침사적탑이 안쪽에 두 개나 세워져 있었다. 민간인희생자위령탑 엔 작가 신봉승의 '님이여, 승천하소서'란 제목의 진혼곡이 새겨져 있었다.

> 그날.../님들의 뜨거운 충혼은/ 장렬한 순국으로/별이 되어 흘렀고/ 저희 는 형제들의 통곡을 모아 번영의 터전을 마련했습니다/ 칠흙같은 어둠 을 누비며 /처절하게 외친 님들의 절규/귓전에 생생한데/ 아직 우리는 통 일의 염원 이루지 못해/이산의 아픔 씻어낼 눈물도 없습니다/...

민간인 희생자들 넋을 달래는 '영혼과의 대화' 비석도 있었다. 위령탑 뒤편엔 몇 명인지 모를 전국의 민간인 희생자 명단이 대리 석에 빼곡히 새겨져 있었다.

모래시계, 일출 관광지로만 알았던 정동진이 한국전쟁과 관련 한 이런 사연과 아픔도 함께 간직하고 있었다.

정동진 야산서 이룬 부부 조각가의 꿈

위령탑 뒤로 바라보면 뭔가 대형 철 구조물이 보인다. 사적탑을 나와 불과 수십 미터를 돌아 뒤편 거대한 창고처럼 보였던 구조물 로 들어가니 바로 하슬라미술관이었다. 첫인상부터 놀라웠다. 티

켓을 끊고 설치 미술 몇 점을 둘러보다 미술관 설립자 부부 관련 기사부터 찬찬히 들여다봤다. 복합문화예술공간 하슬라아트월드 설립자 부부 박신정·최옥영, 둘 다 조각가이자 전·현직 미대 교수였다. 정동진 야산에 일반인들이 상상할 수 없는 호텔 겸 미술관을 설립한 스토리는 그야말로 경이로웠다.

하슬라아트월드를 보고 있노라면 우선 규모의 방대함에 놀란다. 사실상 야산에다 10만 평 규모 조각공원을 조성하겠다고 나선 그 대담함과 무모함에 한 번 놀라고, 실제 구석구석 둘러보고 미술관과 박물관은 물론 야외 조각공원을 너무 다양하고 알뜰하게 구성한데 한 번 더 놀란다. 그리고 숙박을 아트월드 안 뮤지엄호텔에서 해보지 않은 사람들도 대형 조각공원, 미술관과 같은 공간에 들어선 호텔에 특이함을 느끼고 호텔 내부를 들여다보고 한 번 더 끌림을 느낀다.

하슬라아트월드는 거대한 넓이의 조각공원과 1-3관으로 이뤄진 미술관, 피노키오 & 마리오네트 박물관, 뮤지엄호텔로 이뤄졌다. 하슬라아트월드는 2003년 문을 열었고 하슬라뮤지엄호텔은 2009년 문을 열었다. 2010년 하슬라현대미술관, 2011년 피노키오, 마리오네트 미술·박물관도 차례로 관객을 맞았다.

대학 강단에 섰던 박 대표의 퇴직금을 털어 정동진 임야 10만 평을 구입했다. 처음엔 주변으로부터 '미친 짓'이라는 소리도 들었다고 한다. 부부가 모두 조각가여서 평소 넓은 작업장이 필요했고 완성된 작품 보관 장소도 항상 궁하던 차에 지역민과 공감할 수 있는 공간을 겸한 대형 미술관을 지어보자고 결심한 것으로 보인다.

그들이 정해진 장소 안에서 조각이 전시되는 갑갑함을 벗어나

　드넓은 대지를 캔버스 삼아 조각과 설치미술을 맘껏 해보겠다는 '대지 미술'로 확장했기 때문에 가능한 구상이었다. 산길을 따라 요모조모 제자리를 찾은 듯 설치된 조각과 나무 의자, 대리석 의자 등 각종 조형물들, 대지 미술 속에서만 자리를 낼 수 있는 '돌 미술관'과 '소똥 미술관' 등.

　조각공원 꼭대기를 돌아 내려오는 길에 만나는 두 남자상. 한 명은 철제빔도 아닌 쇠꼬챙이 다발 위에 거꾸로 매달렸지만 전혀 불안해 보이지 않는 유연함을 과시한다. 매달린 것이 아니라 중국 영화에서 (와이어 액션이겠지만) 대나무 위를 잠자리처럼 밟고 튕기며 오가는 내공 깊은 무사를 연상케 한다.

　옆의 남자는 나신이다. 동해 바다를 등지고 금방이라도 나무의 바다로 다이빙하려는 날렵한 자세다. 그 다이빙대처럼 쭈욱 숲으로 내민 구조물을 따라 스카이워킹을 한 뒤 두 남자와 기념촬영을 하는 것도 괜찮다.

조각공원 입구 바다카페로 가서 아이스커피 한 잔 들고 바다를 내려다볼라치면 미술관 옥상에 매달린 또 한 명의 남자를 만난다. 그는 건물 끝 가장자리에 겨우 한 발로 서서 커피잔 든 사람을 애타게 바라보는 듯하다. 다시 바라보면 그는 정확히 표현해, 옥상에 매달린 것이 아니라 방금 건물 외벽을 암벽타기로 올라온 직후 몸 중심잡기를 시도하는 형상을 하고 있다. '오래 보면 사랑스럽다'가 아니라 좀 더 오래 바라보면 그의 스텝은 경쾌하다. 자칫 밋밋할 뻔했던 미술관 사각형 옥상 한쪽 각 끝에다 잠시라도 미소를 지을 수 있도록 포인트를 만들어놓은 것이리라.

사전 정보를 갖고 온 미술관 탐방은 아니었지만 한참을 둘러보고 나가는 기분은 무척 괜찮았다. 지역 연고가 있는 사람들이고 정동진이란 관광지를 배경으로 하고 있긴 하지만, 서울과 거리가 먼 지역에 자신들의 전부를 걸고 대형 복합예술공간을 이뤄놓은 부부가 새삼 대단하다는 생각이 들었다.

동해안 따라 경북으로
"바다처럼 너그럽게"

27일차

삼척을 떠나기 전 전날 만났던 고향 친구가 정착하고 싶다던 갈남항으로 들어가 봤다. 그런데 입구부터 분위기가 심상찮았다. '우리 마을은 80세 고령 노약자가 많아서 외부 관광객 여러분의 출입을 자제 부탁드립니다'라는 주민들이 내건 현수막이 눈에 들어왔다. 코로나 탓이리라.

이미 마을로 차가 진입한 상황이라 내리지도 못한 채 조심스레 한 바퀴 둘러만 보고 나왔다. 마을은 정말 이쁘장한 모습을 하고 있었다. 코로나가 퍼지기 전 상황인 듯, 웬만한 주택에는 하나같이 민박한다는 안내문을 내걸었다. 제법 그럴듯하게 신축해 펜션업에 나선 곳도 있었다. 이미 관광 붐이 분 것이다. 이날은 조용했다.

길을 지나다 장호항 케이블카역 간판이 보여 그냥 경치만 보고 차 한잔하자 싶어 들어갔다. 그리 크지 않은 항구 양쪽을 연결한 케이블카가 부지런히 오가고 있었다. 역시 코로나 탓으로 주말인데도 이용객은 많지 않아 한산한 모습이었다. 잠시 주차를 하고 매표소가 있는 타워 건물로 올라갔다. 많지 않은 이용객들이 지나가자 찻집 종업원이 차 들기를 권하는 모습이 안쓰러워 보였다.

전망이 좋은 곳까지 올라가 바깥 풍광을 감상했다. '북적북적' 대
신에 조용한 동해안 항구의 케이블카가 미끄러지듯 오가는 장면
을 잠시 보다 내려왔다. 경남과 부산에 있는 케이블카들을 웬만큼
이용해본 터라 거기선 선뜻 내키지 않았다.

　장호항을 지나 조금 더 내려가니 삼척 해신당(海神堂) 공원이 나
타났다. 공원 이름에서 언뜻 유추할 수 있듯, 이곳은 국내 관광지
에 가면 가끔 만날 수 있는 남근(男根) 조각공원이었다. 남근을 만
드는 연유가 된 애랑과 덕배의 애틋한 전설도 있었다. 띄엄띄엄
보이는 남녀 관람객들이 익살스럽게 만들어 놓은 다양한 모양의
남근을 외면하는 듯 은근히 보면서 깔깔거리며 지나는 광경이 보
였다.

　전설 속 애랑은 바위섬에서 미역을 따다 갑자기 닥친 높은 파도

에 목숨을 잃는다. 우리 조상들, 바다를 끼고 살았던 마을 사람들의 고단했던 삶이 녹아 있는 이야기다. 비록 매일 파도와 맞서 싸우며 힘든 생활을 꾸려나갔지만 웃음과 해학을 잃지 않았던 조상들의 긍정적 태도가 담겨 있는 곳이란 생각을 하며 공원을 나왔다. 해신당 공원이 있던 삼척시 원덕읍은 경북도와 거의 경계 지점이었다. 조금 내려가니 경북 울진이었다.

울진 후포항 등기산 스카이워크에는 주말이어선지 코로나 상황에서도 사람들이 많았다. 군에서 고용한 것으로 보이는 안내 직원들이 중간중간 사회적 거리 두기 원칙 준수에 애를 쓰는 모습이었다. 사람들이 한꺼번에 몰리는 것을 막고 적정 인원을 유지하려고 입장객 대기 시키기, 마스크 쓰기와 손세정제 사용, 유리 보호용 덧신 신기 등을 엄격히 지켰다. 방문객들은 한 사람도 불만 표시 없이 자연스럽게 지시를 따르는 성숙한 모습을 보여줬다.

스카이워크 입구에는 '내륙에 팔공산 갓바위가 있다면 후포 바다에는 후포 갓바위가 있습니다. 한 가지 소원은 꼭 이뤄집니다'라고 써 놓았다. 믿거나 말거나 사람 끌기 마케팅이다. 사람들이 몰리는 데는 이런 민간 신앙도 한몫하는가 하는 생각이 들었다.

스카이워크 끝부분에는 신라 문무왕 시절 의상대사가 화엄학을 공부하기 위해 당나라로 공부하러 갔을 때 의상을 연모해 용으로 변했다는 전설 속 여인 선묘를 표현한 조형물이 있었다. 선묘는 영주 부석사에도 창건 관련 전설 속에서 등장한다. 의상이 절을 지으려 할 때 이교도들이 방해하자 선묘 신룡이 바위를 공중으로 들어올리는 부석(浮石)의 기적을 보여 이를 물리쳤다는 내용이다.

스카이워크 덕분에 공중에서 바다 쪽으로 한참을 나간 지점에서 바다를 구경했다. 아래쪽엔 과연 갓바위가 눈에 들어왔다. 나오다 보니 안내소 앞에 시인 신경림이 후포에서 지었다는 시 '동해 바다-후포에서'가 큰 돌에 새겨져 있었다. 자신에게는 엄격하면서도 세상을 향해선 동해 바다처럼 넓고 깊은 가슴을 가지라는 메시지를 담고 있었다.

친구가 원수보다 더 미워지는 날이 많다/ 티끌만 한 잘못이 맷방석만 하게/동산만 하게 커 보이는 때가 많다/그래서 세상이 어지러울수록/남에게는 엄격해지고 /내게는 너그러워지나 보다/돌처럼 잘아지고 굳어지나 보다//멀리 동해 바다를 내려다보며 생각한다/널따란 바다처럼 너그러워질 수는 없을까/깊고 짙푸른 바다처럼/감싸고 끌어안고 받아들일 수는 없을까/스스로는 억센 파도로 다스리면서/제 몸은 맵고 모진 매로 채찍질하면서

후포항 갓바위

호랑이 꼬리 호미곶,
일본인 가옥과 역사관

28일차

    삼척을 떠나 영덕을 지나 포항에서 숙소를 잡았다. 28일 아침엔 한반도에서 해가 가장 먼저 뜬다는 곳, 호미곶으로 향했다. 지도상 호랑이 꼬리하고도 맨 끝부분이다.

    호미곶 해맞이 광장은 새천년인 2000년을 앞두고 대대적으로 정비한 듯 엄청나게 넓고 각종 조형물들도 많았다. 약 4만 8천m² 부지에 새천년기념관, 상생의 손, 성화대, 불씨함, 연오랑세오녀상, 호랑이상, 햇빛채화기, 공연장 등이 있었다. 먼저 만나게 되는 새천년의 빛 조형물 앞에는 독도와 피지섬, 변산반도 등에서 채화한 불씨를 보관한 불씨함 3개가 나란히 놓여 있었다.

    '동해 독도 일출 불씨·남태평양 피지섬 일출 불씨' 함에는 "이 불씨는 2000년 1월 1일 동해안 독도와 남태평양 피지섬 첫 일출의 햇빛으로부터 채화한 것을 합하여 새천년을 기념하기 위해 영원히 꺼지지 않는 불꽃으로 남게 될 것입니다"라고 써 놓았다. 영일만 호미곶 일출 불씨, 변산반도 일몰 불씨함도 있었다.

    새천년 조형물 앞, 광장에 들어서면 가장 먼저 큰 손 한 개가 보이고 바닷가로 나가면 물속에 또 큰 손 하나가 보인다. 조형물 앞

손은 뒤에서 보면 오른손 같지만 다가가서 보면 왼손이다. 바닷
속의 것은 오른손이다. 양손이 육지와 바다에서 마주보게 만든 것
이다. 청동으로 만든 이 거대한 두 손은 '상생의 손'이라 불린다.
상생의 손은 사람의 양손을 청동으로 만들어 바다와 육지에 서로
마주보는 형상으로 각각 설치해 상생과 화합을 상징하고 있다.

　새 천년의 빛 표지석은, 오른손은 전쟁과 갈등과 배타적인 지난
천년 '한 손의 시대'를 청산하고, 평화와 희망과 번영으로 온 인류
가 화해하고 서로 돕고 함께 사는 새천년 '두 손의 정신'을 형상화
한 것이라고 설명해놓았다.

　물가로 나가니 과연 일출 장면과 함께 자주 등장했던 오른손이
바닷속에서 불쑥 내밀고 있었다. 마치 물속에 사는 거인이 물 밖에
사는 새라도 잡으려고 갑자기 손을 내민 듯했다. 오른손 끝을 자
세히 보니 손가락마다 새가 한 마리씩 천연덕스럽게 앉아 햇빛을
쪼고 있었다. 평화로운 모습이다. 물속 거인을 생각했던 괴기스러
움은 순식간에 사라졌다.

바닷가 쪽에는 멀리 동해 끝자락를 바라보며 희망의 해맞이를 하고 있는 해맑은 어린이상도 세워놓았다. 한 점 어두움도 찾을 수 없는 밝은 표정의 소년이 동녘 해를 손가락으로 가리키는 모습을 보며 함께 영혼이 맑아지는 기분이었다.

광장 오른쪽 한켠에는 한반도 지도 모양의 호랑이 형상이 서 있었다. 2009년 1월 1일 포항시가 세운 호미곶 호랑이상 앞에는 조형물을 세운 연유와 일제의 역사 왜곡을 함께 기록하고 지적해놓았다.

> 고산자 김정호 선생은 대동여지도를 만들면서 이곳을 일곱 번이나 답사하고 우리나라의 가장 동쪽임을 확인했다. 조선 명종 때 풍수지리학자인 격암 남사고 선생은 이곳을 우리나라 지형상 호랑이 꼬리에 해당한다고 기술하면서 천하제일의 명당이라 했다. 육당 최남선 선생은 백두산 호랑이가 앞발로 연해주를 할퀴는 형상으로 한반도를 묘사하면서 일출제일의 이곳을 조선 10경의 하나로 꼽았다.
> 호랑이는 꼬리의 힘으로 달리고 꼬리로 무리를 지휘한다고 하여 호미곶은 국운상승과 국태민안의 상징으로 볼 수 있다. 이런 이유로 일제는 여기 호미곶에 쇠말뚝을 박아 우리나라의 정기를 끊으려 했고, 한반도를 연약한 토끼에 비유하면서 이곳을 토끼 꼬리로 비하해 부르기도 했다.

이 광장 또 한쪽에는 삼국유사에 나오는 설화 속 인물인 연오랑 세오녀상도 세워져 있다. 연오랑세오녀는 신라 초기 영일(迎日) 지역 소국인 근기국의 인물로 신라 8대 아달라왕 4년 157년에 일본으로 건너가 길쌈과 제철 기술 등 선진 문화를 전파하고 그곳의 왕과 왕비가 됐다고 한다.

'동백꽃' 구룡포, 일본인 가옥과 역사 정체성 혼란

호미곶에서 한참을 구경한 뒤 호랑이 꼬리를 타고 구룡포로 내려갔다.

구룡포 근대문화역사거리는 인기를 끌었던 TV드라마 '동백꽃 필 무렵' 촬영지로도 알려져 찾는 발길이 적지 않았다. 규모가 크진 않았지만 일제강점기에 이곳으로 이주했던 일본인들이 살았던 일본인 가옥거리는 옛날 모습을 제법 많이 갖고 있었다.

포항시가 세운 안내판에는 '동해 최대의 어업 전진기지였던 구룡포는 일제가 1923년 구룡포항을 축항하고 동해권역의 어업을 관할하면서 일본인들 유입도 늘어났다. 그러면서 일본인 거리에는 병원과 백화상점, 요리점, 여관 등이 들어서고 많은 인파가 몰리면서 지역 상권의 중심 역할을 했다'고 설명했다. 이 거리에서 특히 보존이 잘 된 일식 가옥 한 곳은 '구룡포 근대문화역사관'으로 지정돼 운영되고 있었다.

시 홈페이지에서 이 건축물 설명 부분을 인용해 본다.

이 건물은 1920년대 가가와현에서 온 하시모토 젠기치(橋本善吉)가 살림집으로 지은 2층 일본식 목조 가옥이다. 그는 구룡포에서 선어운반업으로 크게 성공해 부를 쌓은 사람이다. 건물을 짓기 위해 당시 일본에서 직접 건축자재를 운반해 왔다고 한다. 하시모토 일가가 일본으로 돌아간 후 오랫동안 한국인이 거주했다. 2010년 포항시에서 사들여 복원 공사를 마무리하고 '구룡포근대역사관'으로 개관했다. 건물 내부 부츠단,

고다츠, 란마, 후스마, 도코노마 등이 90여 년이 지난 지금까지도 잘 남아 있다. 창살, 난간 등 일본식 건물의 다양한 구조적·의장적 특징을 잘 갖추고 있다. 이 건물은 한국과 일본 건축 전문가들이 많은 관심을 가지고 연구 대상으로 삼는 건축물로 그 가치가 높다.

이곳을 둘러본 뒤 시청 홈페이지를 찬찬히 보면서 마뜩잖은 느낌을 받았다.

우리가 36년간 일제 식민 지배를 받은 것이나 그 기간 일본인들 상당수가 조선으로 건너와 이익을 취하고 간 것 또한 사실이다. 그래서 해방 후 일제 통치나 일본인들 흔적이 우리에게 교훈이 되고 학습자료가 될 수 있다는 것 또한 이해할 수 있다. 그런데 그 시대에 이곳에 와서 부자가 됐던 일본인 가옥을 그대로 우리 지자체가 '근대 문화'로, 혹은 '근대 역사'로 받아들여 지역명을 넣어 '근대문화역사관'이라고 이름붙이는 것이 옳은 일일까? 일식 가옥 외관이나 내부는 일본인 그들의 문화이고 역사이지 구룡포인의 문화나 역사라고 할 수 있을까?

실제 내부를 둘러보면 일본인들이 입던 의복은 물론 차 문화, 실내 장식, 종교 문화 등 일본인들이 평상생활상을 그대로 드러내놓았다. 심지어 당시 일본인들이 사용하던 화장실 모양까지 그대로 보여주고 있었다.

그리고 시 홈페이지에서 가옥을 설명하면서 '건물 내부 부츠단, 고다츠, 란마, 후스마, 도코노마 등이 90여 년이 지난 지금까지도…' 운운한 부분도 너무 의아했다. 일본 전통 문화, 가옥 내 문화를 설명하는 용어들인 '부츠단, 고다츠, 란마, 후스마, 도코노마' 등을 한자 병기도 없고, 우리말 설명도 없이 일본인들이 사용하는 발음 그대로만 적어 놓은 것이다. 그들 문화를 그들 말로만 적어 놓아 누구를 위한 설명인지 의문이 들었다. 인터넷을 한참 찾아보고서야 '부츠단(仏壇)'은 가정에 모셔둔 조그만 사당, 고다츠(炬燵)는 실내 난방 장치, 도코노마(床の間)는 방 윗목 일부를 한층 높게 만들어 벽엔 족자, 바닥엔 화분이나 장식물을 놓는 곳을 말한다 등 겨우 뜻을 이해할 수 있었다.

여기에다 이 건물을 둘러보다 보니 영상에는 '구룡포회' 회원인 일본인이 구룡포를 그리워하며 옛날을 회고하는 장면이 나왔다. 착잡하면서도 묘한 느낌이 들었다. 혹시 '돌아와요 구룡포로?'

일본인 가옥 거리 가까이엔 포항 지진 여파가 아직 가시지 않은 듯, 옥외대피장소 팻말도 보였다.

동래읍성 침공 왜군 "피 흘릴 수 있는 모든 것 살해"

28일 오후 늦게 한 달간 대한민국 해안선 따라 한바퀴 돌기 마지막 코스 부산에 도착했다. 경북 포항에서 한국 최대 공업도시 울산은 건너뛰었다. 내륙 도시 대구도 가고 싶었지만 해안 도시를 중심으로 하기로 했고, 일정도 촉박해 내륙은 다음으로 미뤘다.

부산은 자주 오는 편이었지만 역사 기행 성격으론 처음이어서 광안리에 숙소를 정해놓고 2박 3일간 스토리가 있는 곳이면 최대한 찾아보기로 했다. 부산은 한국의 제2도시인 점도 있지만 일본과 거리상 가까워 임진왜란의 충격을 가장 먼저 겪었다. 제국으로 돌변한 일본의 아시아 침략에도 가장 먼저 노출됐고 경제 수탈의 통로 역할을 해야 했다. 한국전쟁 때는 가장 후방이라는 점 때문에 임시수도가 옮겨왔고 군부 독재를 무너뜨리는 민주화운동의 발원지로 부각되기도 했다.

이에 부산에는 임진왜란 역사관, 일제강제동원역사관, 임시수도기념관, 유엔기념공원, 민주공원과 민주항쟁기념관 등 다양한 근·현대사 관련 시설들이 있다.

시간을 절약하려고 숙소로 들어가기 전 들를 수 있는 동래읍성 임진왜란 역사관을 찾았다. 도시철도 4호선 수안역사 안에 있었다. 2005년 지하철 공사를 하던 중 동래읍성 해자가 발견된 것이 계기가 됐다. 해자는 통상 성벽 바깥에 물을 흐르게 하는 도랑을 파 외적이 쉽게 접근하지 못하도록 한 장애물이다. 이 해자에서 임진왜란 당시 동래읍성 전투에서 희생된 조선 관군과 백성들 것으로 보이는 수많은 인골과 무기류가 나와 당시 전투의 참상을 보여줬다.

당시 왜(倭)는 도요토미 히데요시를 중심으로 약 100년에 걸친 전국시대를 통일하고 중국 대륙(명나라) 진출을 명분으로 길을 비키라며 조선을 침공했다. 이때 조선을 공격하는 데 동원된 군사 숫자는 전체 약 30만의 왜 군사 가운데 20만 명에 이르는 대규모였다.

도요토미는 이 병력을 9개 부대로 나눠 조선으로 출발시켰고, 이 가운데 고니시가 인솔한 부대가 1592년 4월 14일 병선 700여

척에 나눠 타고 오후 5시 부산 앞바다에 도착, 부산포에 침입했다. 갑자기 대군을 맞은 부산진 첨사 정발(鄭撥)은 적과 싸우다 전사했다.

부산진성이 무너지자 다음 목표는 동래읍성이었다. 동래부 부사 송상현(宋象賢)은 성안 백성들과 혼연일체가 돼 힘껏 맞섰지만 조총을 앞세워 달려드는 왜군에는 속수무책이었다. 당시 기록에 따르면 송상현 부사를 좇아 성안에 모였던 백성들은 피바다를 이뤘고 시체는 쌓여 거의 몰살했다. 일본 측 자료 '요시노도츠키(吉野日記)'에는 당시 "어린이를 포함, 개와 고양이까지 피를 흘릴 수 있는 것은 모두 살해했다"고 하니 그 참혹함은 이루 말로 다 할 수 없을 정도였다. 나중에 4월 15일이 되면 죽은 친족을 제사지내고 통곡을 했다고 하는데 이 경우는 그래도 나은 편이었다. 온 가족이 몰살을 당해 곡해줄 사람조차 남지 않은 경우가 얼마나 많은지 모를 지경이었다는 것이다. 역사관은 그 당시를 '도륙의 현장'이라고 표현했다.

당시 송상현은 왜군이 길을 비켜달라고 하자 '싸워서 죽기는 쉬워도 길을 비켜주기는 어렵다(戰死易 假道難)'고 응답하며 항전 의지를 보였다고 한다.

'동백꽃 필 무렵' 구룡포 거리

동상이몽(20)

　6년 전 구룡포 일본인 가옥거리에 갔을 때 '동백꽃 필 무렵'은 없었다. 마산이나 목포, 군산처럼 구룡포도 일제시대 흔적이 고스란히 남아 있는 동네구나 싶었다. 그때만 해도 포항 호미곶에 비하면 구룡포는 젊은 세대가 좋아할 만한 지역은 아니었다. 동네도 썰렁했다. 물회 맛을 보려는 관광객들이 더 많았다.

　2020년 구룡포엔 젊은이들로 가득했다. 무슨 일이 있었던 것일까. 콘텐츠가 달라진 것이다. 드라마 '동백꽃 필 무렵' 촬영지라는 요소가 6년 전과 천양지차 모습을 보여줬다. 동백이가 운영했던 가게 '카멜리아'도 있고 동백이집 앞 계단도 있다. 근대 역사 거리이기보다는 온통 동백으로 탈바꿈했다. 간판들도 동백서점같이 동백으로 도배를 했다 해도 무리가 없을 정도다. 굳이 근대 역사에 관심이 없는 사람이라면 '동백꽃 필 무렵' 관광만 해도 충분할 지경이다.

　드라마와 방송, SNS 위력이 도시를 젊게 탈바꿈시키는 마력이 있구나 새삼 느꼈다. 관광객 유치 목적이라면 지자체로서는 나쁘지 않은 일이다. 그러나 근대 역사를 쉽게 인식시키고자 일제강점

드라마 '동백꽃 필 무렵' 촬영지

기 구룡포에서 활개 쳤던 일본인들과 한국 사람들의 생활상을 재현해놓은 근대 역사거리 조성 목적이 원래 계획과 다르게 변질된 느낌은 어쩔 수 없었다. 카멜리아 앞에서 인증샷을 찍으려고 줄지어 선 모습을 보고 있자니 한편으론 이해가 되면서도 씁쓸함도 지울 수 없었다.

그렇다 해도 어떻게 이 거리가 변화했는지 보지 않을 순 없어 골목길을 걸어봤다. 젊은이들이 많이 찾게 되면서 언덕배기에 자그마한 카페도 생기고 아기자기한 인증샷 벽화도 등장했다. 찰리 채플린이 풍선을 들고 있는 벽화는 조금 생뚱맞았다. 드라마 촬영지였던 곳마다 설명 팻말을 붙여놓은 것도 눈에 띈다.

더욱 의아했던 점은 골목길 코너마다 등장하는 70대 할머니들이었다. "할머니~ 이렇게 해가 뜨거운 시간에 여기 왜 서 계세요?" "우리 일하는 겁니더~" 지자체마다 어르신들을 대상으로 공공근로 사업을 하고 있다. 이 할머니들도 그 사업에 지원해 일자리를 얻은 것이다. "아이고 땡볕에 관광객 안내한다고 이러다 열사병 생겨 쓰러지겠어요. 큰일 납니다. 그늘에 서서 쉬엄쉬엄 하세요." 할머니들은 괜찮다고 손사래를 치면서도 고맙다고 말했다. 그래도 집에서 지내는 것보다 일자리가 있어서 좋다는 눈치다. 새로운 문화콘텐츠가 노인 고용 창출까지 하니 바람직하다고 해야 할까. 그러나 한여름(6월이지만 당시 낮 기온이 30도에 육박했다) 실내도 아닌 야외 일자리가 노인들에게 맞을지 의문이 생겼다. 관광객들 재밌고 편하게 즐기게 하려다가 어르신들 몸살 나고 쓰러지면 어쩌나 하는 걱정이 앞섰다.

"영도다리서 만나재이"
피란민 보듬은 부산

29일차

한국전쟁서 사망 유엔군 4만 명
이역만리서 무엇을 위해 목숨 바쳤나

재한유엔기념공원(United Nations Memorial Cementery In Korea)은 부산시 남구 유엔평화로93에 4만 5000평 규모로 조성돼 있다. 한국전쟁 중 한국을 지원하기 위해 달려왔던 유엔군 가운데 전사자를 안장하고 추모하는 공간이다. 지난해 5월 기준 전쟁 중 사망자 2250명을 비롯해 모두 2309명을 안장하고 있다. 한국전쟁 중 유엔군 참전국은 전투지원 16개국, 의료지원 6개국 등 모두 22개국이었다.

한국전쟁 발발 후 휴전까지 전사한 유엔군 장병은 모두 4만여 명에 이른다. 공원에는 기념관, 추모관, 위령탑, 무명용사의 길, 전몰 장병 추모 명비 등이 있었다. 부산을 수없이 드나들었지만 이곳은 처음이다. 항상 광안리나 해운대를 중심으로 바닷가 구경하고 차 한잔 마시고 돌아가거나 시내에서 다른 볼일이 끝나면 곧장 김해로, 창원으로 갔었다.

이번에 유엔공원에 와서야 저 멀리 남아프리카공화국에서 호주

부산 유엔기념공원

에서, 노르웨이에서, 터키에서 달려온 참전용사들의 이야기를 어
렴풋하게나마 접했다. 그들이 목숨을 걸고 먼 아시아, 한국에까지
올 수 있었던 그 힘은 무엇일까? 구석구석 살펴보며 그들의 희생
에 그냥 고개가 숙여진다. 무슨 이유나 설명이 필요할까. 추모관에
선 현역 군인들이 마침 관람을 온 가운데 그들과 10여 분짜리 영
상을 함께 봤다. 가슴이 뭉클해지는 사연도 있었다. 생존 참전용사
가 매년 자비를 들여 이곳 공원을 찾는다는 사연 등.

　원고 정리를 하는 동안 TV에 방영된 한 청년의 스토리가 떠올
랐다. 사진 일을 하는 그는 언젠가부터 전 세계를 다니면서 생존
한국전쟁 참전용사 개인과 단체 사진을 찍어 액자에 넣어 선물해
주는 일을 하고 있었다. 아무도 시키지 않았다. 작은 사업을 하며
번 돈으로, 자비를 들여 그들을 찾아 감사 인사를 하며 사진을 건
네는 장면은 감동적이었다. 뭔가 사진값, 액자값이라도 치르려는

고령의 참전 용사에게 그는 "당신은 이미 70년 전에 한국에서 대가를 다 치르셨다"고 말하는 장면은 감동 그 자체였다. 누가 시켜서 하는 일도 아닌데, 혼자 자비를 들여 의미 있다고 여긴 일을 찾아 수년째 그 일을 하고 있다니. 한국 정부가 하거나 최소한 정부 지원을 받는 외곽단체가 해야 할 일인데 개인이 감당하고 있다는 생각이 들었다. 전쟁 당시 한국은 세계에서도 최빈국 그룹이었지만 지금은 10대 경제대국 반열에 올랐다니 옛적 신세를 조금씩이라도 갚아가며 사는 게 맞지 않을까 싶다.

영도다리 난간엔 혈육 찾는 쪽지 빼곡했다

다음은 영도대교로 이동했다. 부산항과 영도, 중구와 영도구를 연결하는 영도대교는 사람들에게 '영도다리'로 더 많이 알려졌다. 영도다리는 일제강점기인 1934년 부산에선 처음인 연육교이자 도개교로 건설됐다. 이 다리가 개통되는 날엔 한쪽 다리가 위로 들려 그 사이로 배가 지나간다는 소문에 전국에서 구경 인파가 몰렸다고 한다.

교량은 선박이 지나다닐 수 있게 하기 위해 중앙부를 위로 올리거나 좌우로 움직일 수 있게 만든 가동교(可動橋)와 반대로 교체가 고정된 고정교(固定橋)로 나뉜다. 도개교(跳開橋)도 가동교의 일종이다. 교체가 회전축을 중심으로 해서 위로 약 70도가량 들어올려 선박을 지나가게 하는 형식이다.

한국전쟁 중에는 영도다리가 피란민들의 만남의 장소 역할을 했다. 갑작스런 북한군 공격에 밀려 남으로 남으로 오다가 부산까지 온 전국 피란민들은 혹시 헤어지면 말로만 듣던 "부산 영도다리에서 만나자"는 약속을 무수히 했으리라. 대한민국 정부까지 부산에 피란수도를 차린 당시 영도다리 난간에는 무수한 사연으로 헤어진 피란민들이 애타게 혈육을 찾는 사연을 담은 종이 쪽지와 천 조각이 빼곡했다고 한다. 지금은 사라졌지만 영도다리 아래엔 점 보는 집들이 줄줄이 들어서 피란민들이 자신의 혈육이 전쟁 통에 죽었는지 살았는지, 만날 수 있을 지 없을지 등을 물어보곤 했다고 한다.

영도다리 한쪽이 들리는 장면은 1966년 이후로 볼 수 없었다. 다리가 노후돼 바로 옆에 부산대교가 개통하면서였다. 그러다 영도다리 추억을 기억하는 시민들의 노력이 결실을 거둬 47년 만인 2013년에 복원돼 도개 장면을 다시 볼 수 있게 됐다. 매일 오후 2시가 가까워지면 신호가 울리고 차단막이 내려갔다. 그러면 통행 차량은 모두 멈추고 영도다리가 천천히 올라가는 것이다. 15분간 계속되는 이 행사를 보려는 사람들은 다시 몰려들었고 부산 명물로 또 한 번 자리를 잡았다.

그런데 영도다리 개방 행사도 코로나를 비켜가지 못했다. 코로나 확산을 막기 위해 2020년 2월 25일부터 도개 행사는 일시 중단됐다. 2021년 들어 행사 재개를 검토하던 중 안전 문제가 제기돼 진단을 진행했으며 주 1회, 토요일에만 개방 행사 진행을 검토하고 있어 추억의 영도다리 들리는 모습 구경하기가 점차 쉽지 않을 것 같다.

일본인 공동묘지에 급조된 피란민 거처 '비석마을'

영도다리 아래에서 피란민들의 애환을 잠시나마 느껴보다 산동

네 비석마을로 발걸음을 옮겼다. 한국의 '마추픽추'로 불리며 유명세를 탄 부산 산동네 감천문화마을 옆동네가 아미동 비석마을이다.

비석마을은 감천마을과 마찬가지로 한국전쟁 때 전국에서 밀려든 피란민들이 우선 거처를 마련해 살던 곳이다. 전쟁이 끝나고 밖으로 일부 빠져나간 사람도 있겠지만 오갈 데가 없던 대부분 피란민들이 그대로 눌러앉으면서 마을이 형성된 것이다.

그런데 비석마을 자리는 일제강점기 일본인들의 공동묘지가 있던 곳이었다. 우선 비바람을 막아주고 어린아이나 노인들이 몸을 가눌 자리라도 마련하기 위해 움막을 짓고 점차 집 형태를 갖추다 보니 주변에 보이는 것은 모두 건축자재로 활용됐던 것으로 보인

휴전선아 잘 있느냐,
동해안 바라보며 부산까지

283

다. 묘지 위든 묘지 사이든 가릴 것 없이 움막을 짓고 하루하루를 버텨나갔을 터. 이들 피란민들에게 무덤 앞 잘 다듬은 상석은 물론 비석 등은 집 짓는 데 훌륭한 주춧돌이 되고 기둥이 됐다.

집이 하나둘 지어지면서 담장이 생기고 비탈진 골목에는 계단이 생겼다. 여기에도 비석 등 공동묘지에 있던 석재들이 유용하게 사용됐다. 지금도 마을을 찾아가면 일본인들 묘지에 있던 상석이나 비석을 주춧돌이나 옹벽으로 사용한 집들을 발견할 수 있다. 다닥다닥 붙은 집들 가까이 접근하기가 멋쩍어 대충 둘러보니 비석을 사용한 집이 쉽게 눈에 띄지 않았다. 고민하던 중 주민 할머니 한 분이 올라오시기에 도움을 부탁했더니 친절하게 한 집을 안내해주셨다. 집 주인은 이사를 나갔고 시에서 관리를 하고 있는 집이라고 귀띔을 해주셨다.

가까이 가 보니 관리를 안 한지 좀 된 듯 약간 훼손된 느낌은 있었지만 비석을 사용해 건축을 한 흔적이 선명했다. 시나 구청에서 보존을 위해 조치를 한 듯, 주인 없는 집 외곽은 유리로 둘러싸여 있었다.

한국전쟁 직후도 그랬을 테고 지금도 그럴 테다. 공동묘지, 남의 묘지에 선 집에서 오래 살고 싶은 사람이 있을까. 형편이 나아지면 하루라도 빨리 조금이라도 더 시내 가까운 곳, 교통이 편리하고 시장도 가까운 곳으로 나가고 싶고 실제로 많이들 그렇게 이동을 했으리라 싶다.

비석마을 형성 과정이 하도 특이해 직접 확인하러 왔지만 난 이런 형태의 마을을 관광상품화하는 것 자체를 반기지 않는 편이다. 나 역시 부산 산복도로 근처에서 태어나 농촌으로 옮겨 어린 시절을 보냈다. 그래서 가난이 뭔지 알기 때문에 주민들이 살고 있는 달동네, 산동네에 문화라는 그럴듯한 옷을 입혀 상품화하는 것이 썩 반갑지 않다. 누구에겐 그것이 구경이고 여행이지만 누구에겐 그것이 사생활 공간이고 삶 그 자체이므로.

이날 일정을 마치고 저녁엔 광안리 바다가 보이는 호프집에 앉아 아내와 둘이서 한 달 국토 주행 이벤트 해단식을 했다. 강행군이었다. 코로나가 신경 쓰이긴 했지만 오히려 조용하게 여행을 즐긴 측면도 있다. 경치, 구경 중심이 아니라 근·현대사 이야기가 있는 곳을 중심으로 다니다 보니 우리 땅, 역사에 대해 새롭게 느끼고 알게 된 것도 적지 않았다.

마지막 날인 내일은 더 강행군이다.

광안리 바다가 보이는 호프집

일제강제동원·임시수도·
민주화운동을 기록

30일차

1023일간 피란수도가 설치된 곳

부산은 한국전쟁이 발발하자마자 북한군에 시종일관 밀려 90%까지 점령당한 상황에서 대한민국 임시수도가 설치됐던 곳이다. 전쟁이 일어난 지 두달 후부터 1953년 8월 15일 서울로 다시 수도를 옮길 때까지 1023일간이었다.

그래서 임시수도 역할에 필요했던 주요 시설들이 지금도 전시관 등 형태로 남아 당시 모습을 보여주고 있다. 피란수도 시절 유산 8곳을 세계유산으로 등재하는 것도 추진하고 있고 2017년 유네스코 세계문화유산 잠정 목록에 올랐다.

현재 동아대학교 석당박물관으로 사용 중인 당시 임시 중앙청 건물, 석당박물관 뒤쪽 경무대(현 임시수도기념관), 국립중앙관상대(부산기상관측소), 미국대사관 겸 미국공보원(부산근대역사관), 부산항 제1부두, 하야리아 기지(부산시민공원), 유엔지상군사령부(부경대 후생시설), 유엔묘지 등이다.

임시중앙청으로 사용됐던 동아대 석당박물관 건물은 동아대 부민캠퍼스 정문으로 들어가면 바로 만나는 빨간 벽돌 건물이다.

1923년 경남도청으로 지어졌다. 피란수도 당시 부산 정치 파동, 보도연맹 등 역사적 사건의 중심이었고 동시에 피란민 대책과 경제 원조 등 한국전쟁 후 국가 재건을 위한 다양한 정책들이 논의된 장소다. 전쟁이 끝난 후 1983년까지 다시 경남도청으로 사용되다 도청이 경남 창원으로 옮겨가자 부산지법·검찰청 청사로 사용됐다. 2002년 동아대가 이 건물을 사들였고 2009년부터 석당박물관으로 사용하고 있다.

석당박물관 자체는 부산 최초 박물관이며 1959년 11월에 문을 열었다. 동아대 설립자이자 박물관장을 역임한 석당(石堂) 정재환(1904~1976) 박사의 문화유산에 대한 염원과 신념이 담겼다고 한다.

박물관은 국보로 지정된 심지백 개국원종공신녹권과 동궐도를 비롯해 보물과 국가민속문화재 등 유물 3만여 점을 소장하고 있다.

개인적으론 동아대에서 석·박사 과정을 밟으면서 4년여를 다녔지만 석당박물관은 30일 오전 처음 발을 들였다. 현직 근무를 하며 주로 야간 수업에 왔다가 돌아가는 세월을 보냈고, 가끔 낮에 오는 기회가 있어도 박물관을 들여다볼 여유가 없었던 것이다.

박물관 1층은 안내실과 로비, 2층은 상설전시실, 3층은 부산임시수도 정부청사 기록실로 이뤄져 있었다. 상설전시실은 구석기시대부터 통일신라시대까지 발굴된 도기와 토기, 장신구 등을 보여주는 고고실과 고려시대 도자실, 기와류와 전돌을 전시한 와전실, 불교미술실 등이 있다. 또 조선시대 대표적 회화와 서예작품을 전시하고 있는 서화실, 조상들의 의식주와 관련한 작품을 구비한 민속실 등으로 구성됐다.

서화실에 국보 제69호로 조선 태조 6년(1397)에 간행된 심지백

동아대 석당박물관

(沈之伯) 개국원종공신녹권(開國原從功臣錄券)과 국보 제249호로
1828~1830년에 그린 것으로 추정되는 동궐도(東闕圖) 등이 있다.
심지백 개국원종공신녹권은 조선 개국 초기 정공신(正功臣)보다
작은 공을 세운 원종공신(原從功臣) 심지백에게 내린 포상 증서다.
가로 140cm, 세로 30.5cm 크기의 두루마리 문서다. 이두가 많이
쓰여 국어학과 역사학 연구에 귀중한 자료가 된다.

동궐도는 조선시대 임금이 사는 궁궐, 법궁(法宮)인 경복궁 동쪽
의 창덕궁과 창경궁을 상세하게 그린 궁중회화 작품이다. 순조시
절인 1826년에서 1830년 사이에 도화서 화원들이 그린 것으로 추
정된다. 크기와 구도, 화풍이 거의 같은 또 다른 작품이 고려대학
교박물관에도 있다. 고려대 박물관 소장품은 16권 화첩으로 이뤄
져 있는 반면 동아대 소장품은 병풍 형태를 띤다.

일제시대 경남도청 건물(현 동아대 부민캠퍼스 석당박물관)을 임시

중앙청으로 사용한 피란 정부는 경남도청 뒤 경남도지사 관사를 대통령 관저로 사용했다. 도청에서 가까운 거리에 지었던 도지사 관사를, 도청을 임시중앙청으로 사용하게 된 정부 수반 대통령의 관저로 사용하게 된 것이다.

전쟁이 끝나고 대통령이 서울로 환도한 뒤 대통령 관저는 다시 경남도지사 관사로 바뀌었다. 1983년 경남도청이 창원으로 옮겨간 후에는 부산시가 사들여 임시수도기념관으로 문을 열었다가 2000년 들어 다시 대통령 관저 건물 복원과 내부 꾸미기를 거쳤다.

대통령 관저 뒤에 있는 전시관은 원래 부산고검장 관사였다. 부산시가 임시수도 시기 부산 사람들의 생활상과 부산 정치 경제 문화상을 보여주는 전시 공간으로 개편, 2012년 9월 임시수도기념관 전시관으로 개관했다.

부산민주공원서 한국 민주화운동 역사를 보다

말로만 들었던 부산 민주공원을 찾았다. 민주공원은 기존 중앙공원 바로 옆으로 난 산비탈을 따라 조성돼 부마민주항쟁 20주년인 1999년 10월 16일 문을 열었다. 중앙공원과 함께 제대로 된 나라를 만들기 위해 겪어야 했던 좌우 대립, 동족상잔 전쟁, 산업화와 개발 독재, 민주화 투쟁 등 전 과정에서 부산시민들이 보여준 구국과 저항정신을 고스란히 보여주는 공간이다. 민주공원은 한국 민주화운동의 한 획을 그은 부마민주항쟁을 비롯해 일제강점기 항일투쟁으로부터 4·19혁명, 부마민주항쟁, 6·10민주항쟁 등으로 이어진 부산 시민의 민주주의 정신을 상징하는 공간이다. 민주공원의 핵심 시설이랄 수 있는 민주항쟁기념관 2층 늘펼쳐보임

임시수도기념관 내부 전시 자료들

방(상설전시실)에 가면 부산을 비롯한 한국 민초들의 민주화운동 역사를 한꺼번에 볼 수 있다.

입구에 들어서면 대한민국 헌법 제1조가 먼저 보인다. '제1조 1항 대한민국은 민주공화국이다. 2항 대한민국의 주권은 국민에게 있고, 모든 권력은 국민으로부터 나온다.'

다음으론 해방 후부터 최근까지 민주항쟁 현장을 차례로 보여준다. 해방 직후 통일과 독립국가 건국 투쟁부터 1960년 3·15의거와 4·19혁명, 부산에 이어 마산시민들이 장기 군사독재에 맨몸으로 항거했던 1979년 10월 부마민주항쟁, 1980년 5·18광주항쟁, 1987년 6·10민주항쟁, 2016~2017년 촛불시위 등.

공원과 기념관은 부산에 있지만 가까이는 경남 마산(창원)과 대구, 멀리는 광주 등 호남지역 민주화 운동과 맥을 같이한다는 뜻을 담고 있기도 한 듯하다.

부마항쟁의 불길을 당긴 1979년 10월 부산대학교 시위 상황을 전시관 자료를 보며 처음 확인했다. 10월 15일 부산대학교에서 두 갈래로 준비된 시위가 모두 무위로 돌아갔으나, 16일 마침내 부산

대학교 학생 수천여 명이 '유신철폐', '독재타도'를 외치며 거리로 진출하게 된다. 시민들의 열렬한 호응을 받은 학생들이 광복동과 남포동에 이르자 인근 여러 대학교 학생들이 합류했고 시간이 지날수록 시위는 확대됐다. 밤이 되면서 퇴근길 회사원과 노동자, 상인, 접객업소 종업원, 재수생, 교복 입은 고교생까지 시위에 가세했다.

대학생으로 시작한 시위가 부산시민들을 망라하는 시위로 확산된 것이다. 17일 시위는 동아대학교를 비롯한 대학가 전체로 번져나갔고, 18일에는 마산까지 확대되는 등 걷잡을 수 없이 확산됐다. 18일 오전 0시를 기해 박정희 정권은 비상계엄을 선포하고 계엄군을 투입했다.

10월 15일 부산대학교에 뿌려졌던 '민주투쟁선언문'을 보면 당시 대학과 대학생, 정국 상황 등을 짐작할 수 있다.

"한민족 반만년 역사 위에 이토록 민중을 무자비하고 처절하게 탄압하고 수탈한 반역사적 지배집단이 있었단 말인가. 오늘 우리의 광장은 군사 교육장으로 변하였고 자유로운 토론은 정보원과 그 앞잡이 상담지도관과 호국단이 집어 삼키지 않았는가! 타율과 굴종으로 노예의 길을 걸어 천추의 한을 맺히게 할 것인가, 아니면 박정희와 유신과 긴급조치 등 불의의 날조와 악의 표본에 의연히 투쟁함으로써 역사 발전의 정도에 나설 것인가?"

10월 16일 부산대학교에 배포됐던 선언문에는 7가지에 이르는 '폐정개혁안'이 제시돼 있다. '유신헌법 철폐, 안정성장정책과 공평한 소득분배, 학원 사찰 중지, 학도 호국단 폐지, 언론 집회 결사의 자유 완전 보장, YH 사건에서와 같은 반윤리적 기업주 엄단, 전국민에 대한 정치적 보복 중지'.

부마항쟁이 일어나기 전 문화운동의 일환으로 진행된 양서보급운동도 소개돼 있다. 당시 판매금지 도서를 비롯한 사회과학 서적들을 대여하고 돌려보는 운동이었다. 여기엔 부산뿐만 아니라 마산과 대구 지역 양서보급운동 단체와 소식지 관련 자료도 전시돼 눈길을 끌었다.

부산은 양서협동조합이 운영했던 협동 서점을 재현해 놓았다. 경남지역은 1978년 8월 15일자로 발간된 양서보급운동 소식지 '집현보' 창간호가 전시돼 있었다. 대구의 경우 역시 양서협동조합 소식지 창간호 '달구벌'이 전시됐다.

또 신군부에 의해 신문들이 통·폐합되면서 1980년 11월 25일자로 강제 폐간됐던 부산지역 일간지 국제신문 종간호가 전시됐다. 1면 머리부터 종간을 알리는 내용으로 채워졌다. "이 신문이 마지막 국제신문입니다… 독자여 안녕/창간33년 2월 25일, 지령 제10992호로 종간/파란만장의 시대에 역사의 기록자임을 확신하며/애독자 여러분과 함께 숨쉬어 온 전 사원 고별 인사/."

이날 사설은 '33년간의 성원 감사합니다'란 고별사로 대신했고 역시 1면에 배치됐다.

조금 걸음을 옮기면 민주화 과정에 앞장섰다가 무수한 인사들이 수감되고 심지어 목숨을 잃기도 했던 통제와 억압의 상징인 감옥을 체험할 수 있는 공간이 마련돼 있었다. 이후에는 질곡과 고통을 넘어 희망과 승리, 생명으로 나아가는 과정들을 표현한 자료들이 이어진다. 민주항쟁기념관 건물 위에선 민주의 횃불, 넋기림마당의 추모 조형물 등을 볼 수 있다.

양서보급운동 자료들(왼쪽)과 민주화운동가들이 수감됐던 감옥(오른쪽)

민주공원을 둘러보고 나면 옆 중앙공원으로 자연스럽게 이동한다. 4·19광장에는 4·19민주혁명위령탑과 영령봉안소가 있다. 공원 가장 높은 곳에 높이 70m로 1948년 이후 나라를 지키다 숨진 7704위 호국영령이 잠든 충혼탑이 있다. 충혼탑 앞에는 넓은 광장과 조각공원, 도서관, 해군전승비, 부산 출신 독립운동가로 해방 후 혁신 계열 정치를 했던 정치인 장건상 동상, 한국전쟁 때 북한 군함을 처음 격침한 것을 기념한 전승탑 등이 있다.

부산은 일제 강제동원 출발지

부산지역을 둘러보면서 '국립' 일제강제동원역사관이 부산에 있다는 것을 알게 된 것은 의외의 소득이었다. 우선은 일제하 군 '위안부' 피해나 강제징용 피해에 대한 일본 정부 공식 사과와 사후 처리 관련 논란이 여전한 가운데 종합적 정보를 제공할 수 있는 기관이 있다는 사실 자체가 반가웠다. 두 번째는 이런 국립기관이 수도권이 아닌 수도권에서 가장 먼 부산에 자리하고 있어 지역에서도 편리하게 이용할 수 있다는 점이다.

차를 몰아 역사관에 올라가 보니 부산시내에서도 좀 접근성이 떨어지는 곳이어서 시민들, 많이 이용해야 할 학생들이 오가기가 불편하겠다는 생각은 들었다. 하지만 전시관 내부를 둘러보곤 나름대로 다양한 자료들을 축적해 놓아 기본적인 정보를 제공하는 데는 괜찮겠다는 생각이 들었다. 그리고 무엇보다 위안부 피해나 강제징용 등에 대한 다양한 주장이 난무하는데 이와 관련한 기본 팩트를 확인할 수 있도록 해주는 점에서 다행이라고 여겨졌다.

역사관 홈페이지에는 역사관이 2014년 10월까지 506억 원을 들여 7만 5465m²에 지상 3층 지하 4층, 건물 연면적 1만 2062m² 규모로 지었다고 소개됐다. 역사관 내부에는 관계기관에서 수집한 강제 동원 수기, 사진, 박물류 등이 전시돼 있다.

역사관이 부산에 들어선 것은 일제강점기 때 부산항이 대부분의 강제동원 출발지였고, 강제동원자의 22%가량이 경상도 출신이었다는 역사성과 접근성 등이 고려됐다.

상설전시실 첫째 방은 기억의 터널, 일제강제동원의 개념, 강제동원의 실체, 광복과 귀환, 끝나지 않은 일제 강제동원, 피해자 기증자 기념 공간 등으로 구성됐다.

두 번째 상설전시실은 시대의 거울, 강제동원 과정, 조선인 노무자 숙소, 탄광, 중서부 태평양 전선, 일본군 위안소, 귀환 등 순서로 당시 상황을 재현해 보여준다.

여기서 말하는 일제 강제동원은 일제가 아시아 태평양지역에서 자행한 인적 물적 동원과 자금 통제를 말한다. 일제는 1937년 중일전쟁 발발 후 '국가총동원법'을 제정하고 본격적으로 조선인에

일제 강제동원 역사를 기억하고자 만든 '기억의 터' 전시실

대한 강제동원에 나섰다.

강제동원은 크게 노무동원, 군무원동원, 군인동원 등으로 나뉘는데 조선인 총동원 수는 782만 7355명에 이른다고 역사관 측은 밝혔다. 이는 동원 주체인 일본 측 통계 자료를 기준으로 추정한 것으로 국내외, 중복 동원을 포함한 숫자다. 여기엔 '종군 위안부' 숫자는 포함되지 않았다. 물론 일본 측의 규모 축소와 오류는 물론 패전 후 축소, 소각 은닉 가능성이 있는 데다 위안부 등 반인륜적 전쟁범죄의 경우 명부나 통계가 발견되지 않아 실제 피해 규모는 이보다 훨씬 클 것으로 역사관은 보고 있다. 조선총독부통계연보상으로 1942년 기준 조선인 총인구는 2636만 1401명이었다.

종류별 동원 규모를 보면 각종 산업현장에 동원된 노무자가 가장 많아 755만 4764명으로 집계됐다. 일제 육군과 해군에 소속된 군무원으로 군사기지와 각 전선에 동원된 사람은 6만 3312명으로 나타났다. 군인으로 동원된 조선인은 20만 9279명이었다.

위안부는 일제가 전쟁을 효율적으로 수행한다는 명목으로 설치한 위안소에서 성노예 생활을 강요한 여성을 말한다. 1932년 상하이에서 시작된 위안소는 1937년 중일전쟁 이후 급격히 늘어났고 점령지 확대에 따라 거의 모든 일본군 주둔지로 확대됐다. 정확한 피해자 규모를 파악할 수 있는 자료가 없지만 학계에선 최대 30만 명에 이를 것으로 추정한다고 역사관은 밝혔다.

위안부란 용어는 문제의 본질을 표현하는 데 적절하지 않으나 당시 일제가 공식적으로 사용했다는 점에서 역사적인 용어로 정착했다. 영어로는 본질적 의미를 반영해 '일본국 성노예(sex slaves)'를 사용한다.

일제의 갖가지 강제동원을 조선인들은 순순히 받아들이지 않았다. 징용을 거부하거나 징용된 현장에서 개별적으로나 집단적으로 탈출하고 심지어 집단적으로 항거하는 경우도 잇따랐다. 역사관 자료에 따르면 일제가 국가총동원법을 씌워 징용을 거부한 사람을 범죄자로 규정하고 중형을 받게 했지만 징용 거부와 탈출은 끊이지 않았다. 1944년 10월 16일부터 열흘간 단속에도 국민징용령 위반과 징용 기피 조선인은 2만 3166명에 이르렀다. 일제 패망이 가까워질수록 징용 거부는 더욱 늘어났고 대왕산결사대 등 집단적 항거도 증가했다.

강제동원된 학도지원병 가운데는 목숨을 걸고 전선을 탈출, 광복군에 합류한 이들도 있다. 1944년 3월 단독 탈출한 김준엽은 중국군 유격대로 몸을 피했다가 5개월 뒤 쉬저우(徐州)에서 탈출한 장준하 윤경빈 홍석훈 김영록을 만나 2만 리 장정을 거쳐 광복군에 가담했다. 광복군 지도부는 1944년 9월께 일본군 탈출 학도지원병을 중심으로 안후이성(安徽省) 소재 중국 황포군관학교 분교에 특설 한국광복군 간부훈련반을 설치, 70일간 훈련을 받은 학병을 충칭(重慶) 임시정부나 각 지대로 파견했다.

역사관 자료는 군 '위안부'의 경우 일제는 취업 사기, 협박 또는 폭력에 의한 동원, 인신매매나 유괴 등 방식으로 동원됐다고 설명하고 있다. 또 '위안부' 동원은 주로 일본 국가권력이 민간업자를 활용하는 방식으로 이뤄졌다고 밝혔다. 일본군과 정부는 '위안소' 운영업자를 선정했고, 동원 과정에 협조했으며 '위안소' 운영에도 관여했다고 덧붙였다.

다른 자료에서는 '위안소'의 경우 일본군이 주도하고 일본 외무성과 내무성, 조선총독부, 대만총독부가 적극 협력하는 방식으로 설치, 운영됐다고 한다. 운영 형태는 일본군이 직영하는 경우가 있었고, 민간 매춘업소를 군이 통제 감독해 전용하는 경우도 있었다. 군 '위안부'로 동원된 여성은 위안소에서 생활했고, 군의 필요에 따라 여러 지역으로 옮겨다니기도 했다고 한다.

또한 '위안부'는 군부대에만 있었던 것이 아니라 기업에도 있었다고 설명하고 있다. 즉, 1938년 이후 일본 탄광 등지에서 노무 관리의 일환으로 기업 '위안소'가 등장했는데 기존 특수음식점 등을 활용한 경우가 많았다는 것이다. 홋카이도탄광기선주식회사는 위안소를 운영하는 등 적극 개입했고, 미쓰비시 소속 기업이 위안소 개업을 허가한 기록도 있다고 역사관은 밝혔다.

자주 갔어도
스치기만 했던 부산

동상이몽(21)

　부산은 대학 졸업 후 태종대에 간 게 '관광' 또는 '여행'이랄 수 있다. 아마도 자가용이 없었으니 경남 쪽에서 가려면 태종대가 가까워서일 것이다. 결혼 후 마산과 창원에 살았으니 부산은 시가 친척 결혼이나 친구들 만남, 그리고 잠깐 경남이 아닌 곳에 바람 쐬고 싶을 때 선택하곤 했던 도시다.

　결혼 후에는 해운대와 다대포, 달맞이고개, 남포동 국제시장, 자갈치 시장, 동백섬, 배 타고 오륙도 같은 곳에 자주 갔다. 고등학교를 졸업한 지 20년 되던 해, 여고 동창회 모임이 생기고선 해운대와 달맞이고개, 청사포 쪽에서 주로 모였다. 대학 친구들과는 감천문화마을에 놀러 갔다. 최근엔 식구들과 송도케이블카, 광안리 쪽과 기장 해변 쪽에 가곤 한다.

　부산은 그냥 바다 보러 가는 일이 많다. 물론 경남보다 큰 병원을 가야 할 때, 서울 병원에 가보기 전에 부산을 찾는다. 그럴 때도 역시 광안대교를 지나거나 그 근처로 가야 하므로 바다를 항상 보게 된다. 바다가 없었다면 굳이 부산을 찾겠나 싶을 때도 있다. 수도권에 사는 사람들이 그렇게 부산 해운대를 보고 싶어 한다는 말을 예전부터 들었다. 부산보다 좋은 바다도 엄청 많은데 부산을 찾는 까닭은 뭘까를 생각해본 적은 있다. 내가 얻은 답은 생기가 있는 도시란 게 장점인 것 같다. 한여름에 해운대만 가 봐도 남녀노소, 외국인, 전국 각지 사람들이 모인다. 밤엔 축제와 버스킹, 젊음이 만발한다. 약간 우울할 때 해운대에 가면 조금 들뜨는 느낌이 온다. 그런 들썩이는 기분을 느끼려고 해운대를 찾는 듯하다.

그런데 전국여행 막바지 부산여행은 좀 어두웠다. 가는 곳마다 고요했고, 아파왔다. 대학 친구들과 갔던 예쁜 골목 가득하고 아기자기하던 감천문화마을은 아미동 비석마을을 찾아간 순간 색달랐다. 거기다 주룩주룩 내리는 빗줄기를 감내하며 골목을 걷다 보니 지쳤다. 얼마 전 친구들과 구경했던 똑같은 동네가 맞는지 한참을 두리번거리기도 했다.

영도대교 아래 유라리광장에 있는 6·25피란민 조형물에서 '삶의 피란처'를 찾는 나를 발견했다.

부산에 가면 오후 2시 시간에 꼭 맞춰 영도다리 도개 장면을 보고 싶다고 남편이 노래를 불렀다. 나도 이번 참에 보려고 했는데 코로나 탓에 도개 행사 자체를 하지 않는 상태여서 못 보고 말았다. 부산은 가까우니까 언제든 볼 수 있다는 안도감은 있지만, 과연 언제 보게 될지 미지수다. 대신 영도다리 밑 6·25한국전쟁 상흔 조형물, 임진왜란 역사관, 유엔기념공원, 임

영도다리 도개 장면 (출처: 부산시 홈페이지)

시수도기념관, 부산민주공원, 일제강제동원역사관까지 훑었다. 부산에 참 많은 근·현대 역사관이 있었는데 너무 몰랐다. 용두산 공원 근처에 있는 부산근대역사관에 갔던 기억은 있다. 하지만 아직도 부산 랜드마크라 일컬어지는 용두산 공원에도 올라가 보지 못했다.

여행은 보이는 것만 보고 인터넷에 소개해 놓은 곳만 찾다가 경험하고픈 것만 경험하고 마는 오류투성이일 때가 많다. 반면 계획하고 떠났어도 못 보고 오는 여행지도 있고, 계획하지 않았어도 우연히 만나는 비경도 가득하다. 삶도 그럴 것이다.

나는 여전히 가지 않은 길에 대한 호기심으로 가득하다. 가봤던 도시에 또다시 찾아가 하루 이틀이 아니라 여러 밤 머물며 호젓한 추억을 만드는 여유로움도 한 번 가져보고 싶다. 그래서 또 떠날 것이다. 호기심이 멈추지 않는 한 영원히.

여행을 마치고

　전국 한 달 여행(2020년 6월 1일~30일) 기회는 우연찮게 찾아왔다. 2020년 1월 코로나19가 발생하고 확산세가 이어지면서 회사가 순환 휴직 제도를 시행한 것이다. 정년퇴직을 앞둔 남편의 안식년 휴가가 엉덩이를 더욱 들썩이게 했다. 한창 국외 여행에 맛을 들이던 시기에 치유 여행을 감행하지 못하다 보니 우리나라 곳곳으로 시선이 쏠리기도 했다. 코로나19 시기일수록 '슬로 여행 같은 건 어떨까' 하고 막연히 생각했던 것을 실천해보고도 싶었다.

　일정 짜기는 설렘의 연속이었다. 직장과 가정에서 벗어나는 것만으로도 즐거웠다.

　계획이 서야 일을 시작하고, 계획대로 일을 착착 진행시켜야 직성이 풀리는 남자와 한 달 동안 여행한다는 건 나에게 실험과도 같은 일이었다. 한 장소나 코스, 주제에 대한 부부의 다른 접근 방식과 다른 피드백, 여행 장소를 고르고 대할 때 차이점은 적잖은 갈등을 예고했다.

　나는 여행지에 가면 명승지와 더불어 새로운 감동을 하고, 우연히 만나는 골목과 그 지역 문화에 푹 빠져들곤 한다. 계획이 없어도 햇살이 맑고 하늘이 청아하면 그곳에서 여행 보따리를 푼다. 계획한 목적지에 도착해도 정해놓았던 맛집에서 밥을 먹기보다 동네 허름한 백반집에서 지역의 맛을 느끼는 게 더 좋다. SNS에 소개된 핫플레이스보다 동네 어귀에 있는 조그마한 커피집이나 동네 책방, 숨겨진 의외의 장소를 만나길 바랐다.

그러나 남편은 우연히 만난 역사의 현장에서 가지치기를 시작해 그 역사와 관련된 모든 장소를 섭렵하려 하기 일쑤였다. 역사적으로 의미 있는 현장, 스토리가 있는 유적지를 방문하면 반드시 의미를 부여하고 여행 중이든 여행 후에라도 해당 장소와 분야의 자료를 뒤져 궁금증을 꼭 풀어야 하는 스타일이다.

한 달을 돌아다니다 보니 전국 고샅고샅 여행은 주제를 어떻게 잡느냐에 따라 무궁무진하다. 이번 전국 여행 이야기는 '역사'와 '감성'을 함께 버무렸다. 자칫 역사만 서술해 지루할 수도 있는 여행기에 동상이몽 감성 이야기와 마음에 묻어뒀던 이야기도 담았다.

나는 '관광지의 매력은 지방자치단체의 문화 마인드에 따라 천차만별이다'라는 생각을 종종 한다. 어느 지역에 가든 항상 지자체장의 문화 마인드를 평가하는 게 습관이다. 가장 지역적인 것이 전국을 넘어 세계적 관광지가 될 수 있다고 보는 편이다. 도시 개발에만 치중한 전시행정으로 이뤄낸 관광지엔 허점이 보인다. 매력의 연속성이 없으면 관광객들은 쉽게 실망한다.

이번 여행에서 큰 성과는 소소한(또는 숨겨진) 지역 자원의 중요성을 많이 알게 됐다는 점이다. 짐짓 생색내기용으로만 여겼던 전국 곳곳에 건립된 기념탑의 새로운 발견도 의미가 적지 않았다.

아이러니하게도 부부의 동상이몽 여행 취향이 코로나 시대와 들어맞았다. 외국 못지않은 골목 풍경, 낮과 밤이 다른 도시, 코로나19로 침체한 동네 상권, 역사 현장 등은 유명 관광지에선 느껴 볼 수 없는 근·현대사 아픔, 서민들 삶의 모습, 도시 계획 뒷모습, 기후 변화 등을 구석구석 보게 해줬다.

속속들이 다 알고 있다고 여겼던 남편을 새롭게 바라보게 된 여행이기도 했다. 나 역시 삶을 대하는 방식을 더 배웠고 식견을 넓혔으며 살아갈 날들을 위한 용기가 충전됐다. 역사 공부와 현장 취재는 덤이었다. 전보다 우리나라를 좀 더 깊이 알게 됐고, 슬픈 역사에도 더 가까이 다가가게 됐다. 29년을 살아온 부부가 같은 장소에서 다른 느낌, 다른 해석, 다른 이해, 다른 미래를 꿈꾼다는 사실도 인지했다.

이젠, 내가 주도하는 내륙 여행을 할 차례다.

2021년 11월
이수경

참고문헌

국사편찬위원회, 『고등학교 국사(하)』, 대한교과서주식회사, 2001.

김용옥, 『우린 너무 몰랐다-해방, 제주4·3과 여순민중항쟁』, 통나무, 2019.

데이비드 바인(David Vine), 유강은 옮김, 『기지국가(Base Nation)』, 갈마바람, 2017.

순천시사편찬위원회, 『순천시사-정치·사회편』, 순천시, 1997.

양정대, 중국, 아프간에 군사기지 건설… 이슬람 극단주의 견제 나서, 〈한국일보〉, 2018.8.29.

양정심, 『제주4·3항쟁』, 도서출판 선인, 2008.

이영권, 『새로 쓰는 제주사』, 휴머니스트, 2005.

이제훈, 북, '남한 혁명통일론' 버렸다…보안법 존폐 논쟁 새 국면, 〈한겨레〉, 2021.6.1.

임영태, 여순사건: 보복의 악순환이 막을 올리다 ①②③, 〈통일뉴스〉, 2016.6.2, 7.14.

전진환, 주만미군 감축하면 전국 곳곳 미군기지 반환 속도 날까, 〈뉴시스〉, 2020.7.26.

조영빈, 극비리에… 軍 창군 이래 최초로 해외 군사기지 건설, 〈한국일보〉, 2016.6.21.

허호준, 퇴임하는 강우일 주교 "평화 위한 일에 동참해달라", 〈한겨레〉, 2020.11.18.

홍국기, 국방부 "헌법 영토조항 유지해야"… 법제처에 보고, 〈연합뉴스〉, 2017.5.3.